부모와 유아교사를 위한

교육의 실천적 지식

백종순 · 김재환 지음

창지사

국립중앙도서관 출판시도서목록(CIP)

(부모와 유아교사를 위한) 교육의 실천적 지식 / 지은이: 백
종순, 김제환. 　시울 : 창지사, 2014
p. ; 　cm

ISBN 978-89-426-0748-8 93370 : ₩13000

유아 교육[幼兒教育]

375.1-KDC5
372.21-DDC21 　CIP2014001817

✠✠ 머리말

보통의 엄마는 잔소리를 할 뿐이고, 좋은 엄마는 설명을 해 주고, 훌륭한 엄마는 몸소 본보기를 보여 주고, 위대한 엄마는 인생에 영향을 미치는 '영감'을 준다.

내 자녀의 수준을 결정하는 사람은 그 누구도 아닌 엄마이다. 엄마의 수준만큼 아이는 자랄 것이다. 자녀의 전인발달을 도와주는 엄마는 어떤 엄마일까? 머리도 똑똑하고 마음도 따뜻하고 신체적으로도 건강한 자녀로 키울 수 있는 가장 효과적인 방법은 엄마의 그릇이 커지고 넓어지는 것이리라. 엄마의 지력, 심력, 체력 중에서도 엄마의 정서적인 마음 상태는 자녀에게 가장 많은 영향을 미친다. 자녀에게 지적인 자극보다 우선되어야 하는 것이 바로 심력, 즉 엄마의 사랑이 담긴 마음의 전달이다. 그 후에야 지적인 자극과 몸의 챙김이 중요한 일이다. 자녀의 마음을 먼저 챙겨 주어야 자녀는 지적 열망과 신체건강을 잘 관리하고 통제할 수 있게 되는 것이다.

어떤 엄마가 될 것인가? 여기 엄마에 관한 향기로운 이야기 한 편이 있다. 과연 여러분에게 진정 아름다운 보석은 무엇인가 생각해 보는 기회가 되었으면 한다.

로마에 코르넬리아라는 아름다운 이름을 가진 엄마가 있었다. 하루는 그녀의 친구인 귀족 부인이 자신의 성대한 저택에 초대했다. 코르넬리아는 사랑하는 두 아들을 데리고 초대에 응했다. 이런저런 이야기 끝에 귀족 부인은 자신의 보석을 자랑하는 것이었다. 그리고는 하녀에게 커다란 보석함을 가져오게 했다. 보석함에는 세상에서 처음

보는 진귀한 보석이 가득했다. 석류의 색을 닮은 루비, 파란색 바다를 연상케 하는 사파이어, 초록색 나뭇잎을 닮은 에메랄드 그리고 태양빛의 광채를 그대로 가져온 영롱한 다이아몬드 등이 보석함에 있었다. 구경하던 귀부인들은 보석 주인을 질투하며, 시샘 섞인 부러운 눈길로 쳐다보았다. 그러나 어떤 보석으로 치장을 하지 않았음에도 그 어떤 보석의 광채보다도 빛이 나는 코르넬리아만은 부드럽고 평화로운 눈길이었다. 자신에게 찬사와 찬탄의 눈길을 보내기는커녕 마음의 동요조차 없는 코르넬리아의 얼굴을 보고 화가 치민 귀족 부인은 코르넬리아에게 이렇게 말했다. "코르넬리아 당신은 어떤 보석이 있지요?" 그러자 코르넬리아는 이렇게 말했다. "저에게는 두 개의 영롱한 보석이 있답니다. 그 보석은 바로 제 아이들입니다." 옆에서 이 대화를 듣고 있던 코르넬리아의 두 아들은 엄마의 그 한마디에 너무나 감사했고 감동했다. 두 아들은 어떤 상황에서도 엄마의 보석으로서의 자부심과 자긍심을 잊지 않았다. 그들이 로마의 훌륭한 지도자가 된 것은 엄마의 정서적 후원, 즉 심적 후원이 있기에 가능했다.

지혜로운 엄마는 자기가 가지고 있는 것에 집중한다. 물질이나 부라는 것은 우주적 차원에서 보면 한 점도 되지 못한다. 물질과 부를 가졌다면 한세상 조금 더 편할 것이다. 물질에 자족하고 물질을 다스리는 엄마가 지혜로운 엄마다. 물질을 있는 그대로 가족들에게 골고루 안배하는 것이 중요하다. 어리석은 엄마는 당장 눈앞에 있는 자녀의 건강이나 많은 장점에 주목하기보다는 이웃집 엄마의 명품에만 주목한다. 그러니 불행하다.

이 책의 글은 교수로서 남의 이야기를 한 것이 아니라, 나 자신의 삶에서 자녀양육과 교육, 직업인으로서 가르침에 대한 이야기를 소박하고 성실하게 기록했다. 진솔한 삶에 대한 이야기이기에 가족에게 보내는 편지처럼 썼다. 특히 가난한 학생과 가난한 엄마를 겨냥했다고 해도 과언이 아니다. 물질적 가난보다 더 힘든 것이 정신적 박탈감이리

라. 할 수 없다는 무력감에서 회복되어 나도 할 수 있다는 정신적 부를 이룰 수 있기를 희망한다.

엄마는 자녀의 마음에 색깔을 칠해 주는 사람이다. 어떤 색을 칠해 주냐가 관건이다. 부정적인 엄마는 자녀의 마음에 검정색 먹물을 칠해 줄 것이고, 긍정적인 엄마는 자녀의 마음에 빨강, 파랑, 노랑의 삼원색을 칠해 줄 것이다. 삼원색은 다양한 색을 만드는 기본 색이다. 자녀의 마음이 긍정적이고 밝아야 세상을 잘 살아갈 수 있다.

그러기에 엄마는 세 가지 긍정의 마음을 가지고 있어야 한다.

첫째는 내가 가지고 있는 것에 초점을 두어야 한다. 지금 자녀가 가지고 있는 장점을 계발시켜 주어야 한다. 그러한 관점을 가지려면 어머니가 먼저 자신의 장점과 가지고 있는 것에 집중하게 될 때 비로소 가능한 일이다.

둘째는 상황보다 긍정적인 해석이 중요하다. 언제든 상황이 중요한 것이 아니라 상황을 보면서 제대로 해석해 내는 긍정적인 자세가 필요하다. 훌륭한 사람들은 대부분 문제 상황이나 어려움이 없었다기보다 그것을 잘 극복해 낸 사람들이다. 아무리 어렵고 실패 상황이라도 고통 너머에 희망이 존재함을 볼 수 있어야 한다. 엄마가 포기한 자식은 사회에서도 포기하기 쉽다. 자녀의 부정적인 면을 포기하지 말라. 엄마의 해석이 중요하다. 자녀는 성공을 통해서도 성장하지만 실패를 통해서 우회적인 방법으로도 성장하는 존재이다. 에디슨의 엄마는 에디슨이 학교에서 쫓겨났을 때도 낙담하지 않았고, 집에서 공부할 수 있도록 격려했다. 그 결과 학교에 있었더라면 해낼 수 없는 위대한 성취를 해내는 창의적인 두뇌를 키웠다. 현실적 상황보다 중요한 것이 엄마의 긍정적인 해석이다.

셋째는 자녀의 지적 교육은 돈(고액 과외)으로만 되는 것이 아니다. 고액 과외나 족집게 과외를 받는다고 다 공부를 잘하고 명문대학에 들어가는 것이 아니다. 물론 과외의 성과를 무시하는 것은 아니다. 남들이 부러워할 만한 환경에서 태어나, 경제적인 지원을 많이 받으면 학업 성취도에서 두각을 나타내기도 한다. 그러나 공부에서 외적 환경만이 중요한 것은 아니다. 그것은 공부를 잘하기 위한 열 가지 배경 변인 가운데 한두 가지 요인일 뿐이다. 경제적 상황이 열악하더라도 자녀의 마음에 동기 부여를 해 주는 엄마가 있다면 자녀는 공부를 잘할 수 있다. 시간이 더디 걸릴지라도, 인간은 자신이 마음먹고 목표한 것은 성취하기 마련이다. 고액 과외보다 중요한 것은 습관의 힘이다. 어렸을 때부터 지적 호기심을 갖게 하고, 책을 많이 읽어 주고, 도서관과 친해지게 한다면 자녀는 공부 습관을 조기에 가질 수 있다. 이제 경제적 능력이 있는 주위 사람들만 부러워하지 말자. 그럴 시간에 내 자녀의 장점에 주목하고 함께 읽기, 말하기, 듣기, 쓰기를 놀이를 통해 진행해 보자. 엄마 자신이 먼저 변화할 수 있다면 자녀도 변화하여 성장하기 마련이다.

보육교사가 되는 과정에 있는 예비교사들이 이러한 엄마의 마음을 읽을 수 있었으면 한다. 엄마의 마음으로 어린 영아들과 유아들을 대했으면 한다. 선생님의 역할은 우선 보호와 사랑의 마음으로, 농부의 마음으로 영유아들을 품어 주어야 한다. 이러한 교사의 사랑의 마음이 영유아에게 전달되면 신뢰 관계가 형성되어 교육의 상호작용은 질적으로 우수해지기 마련이다. 모쪼록 이 책이 자녀교육에 관심이 많은 엄마와 앞으로 교사가 되려고 준비하는 교사들에게 실천적 지식을 습득하는 데 도움이 되었으면 한다.

이 책을 쓸 수 있도록 지적·정서적 지원을 해 주신 안범희 스승님, 의미 있고 아름다운 그림을 제공해 주신 이광택 작가님, 그리고 출간을 위해 애써 주신 창지사 관계자분들께 지면을 통해 감사드린다.

2013년 12월

저자 백종순·김재환

차 례

머리말

1부 엄마표 정서의 보약을 먹이라

01 삶의 주제와 해석 __ 13
02 백아와 종자기 __ 17
03 장막을 뛰어넘는 특별한 늑대로 키우라 __ 20
04 희망의 말을 하라 __ 23
05 마음의 꽃밭에 물 주기 __ 26
06 사랑 비타민이 필요한 시기(학령 전후기) __ 29
07 정서적 상처 치유하기 __ 32
08 자녀의 마음속에 살고 있는 '무시무시한 꽥꽥이' __ 36
09 소비할 것인가? 존재할 것인가? __ 39
10 뇌를 이완해 주는 음악놀이 __ 42
11 인생은 Wrong or right이다 __ 46
12 꽃들에게 희망을 주는 사람으로 키우자 __ 49
13 박수는 힘이 세다 __ 52
14 포기란 말은 배추를 셀 때만 쓰는 말이다 __ 55
15 스키하라의 삶의 의미 __ 58

2부 인생의 비전을 이루기 위한 학습 전략을 이해하라

01 경쟁보다 과제에 집중하기 __ 65
02 아이들 두뇌의 특징은 트리플 원리이다 __ 68
03 자녀의 학습 능력을 키워 주는 열쇠 __ 71
04 공간지능의 색채감각을 살리자 __ 74
05 닛다 태교와 그 이후 성취와의 상관관계 __ 77
06 자녀의 학습 단계를 높여라 __ 80
07 명화와 시각의 발달 __ 83
08 공부의 최종 종착역 '글쓰기' __ 86
09 창의적 환경을 조성하자 __ 89
10 창의성 문제(새로운 아이디어 장려하기) __ 93
11 영어 학습의 출발은 '접근 동기'로 접근하라 __ 97
12 중급 영어는 '스토리'로 잡아라 __ 101
13 권태기를 넘어 성숙기로 행진하라 __ 105
14 몰입을 터득하면 공부가 즐겁다 __ 108
15 기억과 학습의 원리를 이해하면 공부가 열린다 __ 111
16 수수께끼는 두뇌 트레이닝에 좋다 __ 115
17 배움에 대한 갈망 __ 118

3부 자녀의 마음밭에 단비를 주라

01 자객 형가의 용기 __ 123
02 효능감 이전에 획득되어야 하는 것 __ 126
03 자신감으로 단기기억량을 늘리라 __ 129
04 의미 있는 타인의 말 __ 132
05 질문의 힘을 키우라 __ 135
06 지금 여기에Now and here를 즐기자 __ 139
07 고급 정보는 암송하게 하라 __ 142
08 긍정의 셀파는 긍정의 파동을 만든다 __ 145
09 천기天氣, 인기人氣, 지기地氣 __ 148
10 자기 모니터링의 성과(너 자신을 알라) __ 152
11 상호작용은 양방향이다 __ 155
12 스승은 있다 __ 159
13 스승의 날을 맞이하며 __ 163
14 운명을 수용하기 그리고 사랑하기 __ 166
15 이별에 대한 승화는 시를 통해서 __ 169
16 외모와 마음 둘 다 중요하다 __ 173
17 자신의 트라우마를 대하는 태도 __ 176
18 인생 최대의 법칙 __ 180

4부 부모의 선한 영향력

01 카멜레온 같은 엄마가 되라 __ 185

02 하나의 장애물은 하나의 경험이다 __ 188

03 인성교육은 성공하는 자녀의 보증수표이다 __ 191

04 자기 통제력은 인생의 자본 __ 196

05 지능이 높은 아이는 엄마의 영향이 더 크다 __ 199

06 성숙한 부모가 되기를 소망하라 __ 202

07 홈 인벤토리Home inventory(가정 관찰) __ 206

08 교육의(국가의) 중재가 필요한 가정환경 __ 209

09 대화의 중요성(대화의 질은 어휘력 차이) __ 212

10 도덕성을 키워 주는 엄마 __ 216

11 정약용이 책 배달 왔소 __ 219

12 의미를 추구하는 사람으로 키우라 __ 222

13 가정적 자아 정체성 찾아보기 __ 225

14 자녀의 뇌를 깨우는 오감놀이 __ 228

15 칸트에게서 배우는 교육과 양육의 원리 __ 231

16 자녀에게 소중히 가르쳐야 하는 것 __ 234

참고문헌 __ 237

1부

엄마표 정서의 보약을 먹이라

01 삶의 주제와 해석

사람들은 누구나 생을 살아가면서 두 가지 인생 주제로부터 삶의 철학과 방향성, 행동의 동기를 갖는다. 하나는 '새로 쓰는 인생 각본' 이요, 다른 하나는 '쓰인 인생 각본'이다. 전자는 어렸을 때 형성된 상처나 상실, 아픔을 통해서 교훈을 얻어 성장의 동력으로 삼는 사람이고, 후자는 수동적으로 어렸을 때 받은 상처나 수모, 아픔을 있는 그대로 받아들이는 사람이다.

어떤 소녀가 있었는데 그녀는 성장 후 사회에 의미 있는 일을 하는 사람이 되었다. 그녀는 어렸을 때 알코올 중독자이며 다소 폭력을 행사하는 아버지 밑에서 성장하였다. 그러나 그녀는 아버지의 술에 대한 의존성과 폭력성을 그녀 나름대로 해석하여 받아들였다. 그녀는 다른 사람들처럼 알코올에 의존하고 폭력을 쓰는 사람은 벌을 받아 마땅하다는 부정적인 판단을 한 것이 아니라 아버지는 교육을 받지 못해서 무기력해졌고 모든 사람들은 부분적으로 폭력에 대한 기질이 있다는 것을 전제한 긍정적인 사고 패턴인 '새로 쓰는 인생 각본'을 가지고 있었다. 그녀는 아버지처럼 되지 않기 위해서 열심히 공부해서 교육받지 못해 생기는 불합리한 사고방식과 구조적인 경제적 모순에서 벗어나기로 결심했다.

이런 예는 우리의 삶에서 흔한 이야기이다. 이 이야기에서 삶에 대한 해석의 기준은 대부분 4가지로 나누어진다.

첫째, 아버지는 처벌받아 마땅하다.

둘째, 모든 사람에게는 약점이 있고 폭력에 대한 근성이 존재한다.

셋째, 아버지가 무기력한 원인은 가난이고, 나는 그렇게 되지 않기 위해 노력한다.

넷째, 아버지는 교육받지 못해서 부적절한 방법을 사용했다.

위의 이야기에서 우리가 해석하여 받아들일 수 있는 범위는 대략 네 가지에 해당된다. 첫 번째의 해석은 부정적이고, 또 다른 긍정적인 사유와 행동을 발생시키지 못하게 하고 자신과 가족, 타인과의 관계도 단절하게 만든다. 닫힌 마음의 문은 어느 누구와도 소통을 하려 하지 않는다. 이와 같은 마음은 소심함, 소극적 태도와 부정적 현실을 반복하게 한다. 그러나 다른 세 가지의 방법은 또 다른 생각을 갖게 만든다. 열린 마음의 문인 것이다.

특별한 사람들은 심리 에너지를 집중하는 방법을 조기에 터득한다. 그러나 많은 사람들은 심리 에너지를 분산시키는 심리적 무질서, 즉 심리적 엔트로피 상태에서 많은 시간을 허비한다. 엔트로피는 심리적으로 복잡하고, 불안하여 마음을 진정하고 한곳에 집중할 수 없게 만드는 상태로 이런 상태에서는 집중을 할 수 없고 심리적 에너지를 한곳에 머무르게 할 수 없는 것이다.

부정적인 생각은 심리적인 무질서를 불러일으키고, 한곳에 집중하기 어렵게 만든다. 부정적인 생각은 심리적인 무질서로 '내가 실행해도 소용없어', '환경은 변하지 않아'라는 생각을 굳어지게 한다. 심리적인 무질서가 강하면 방어를 많이 하게 되고, 그 결과 적극적이고 긍정적인 사고와 행동은 줄어들게 된다.

Rogers는 "인간은 단순히 기계적인 특성을 가진 존재가 아니다. 인간은 무의식적 욕망의 포로가 아니며, 자신을 창조해 나가는 과정에 있는 존재이다. 또한 생의 의미를 창조하며 주관적 자유를 실천하는 존재이다."라고 언급한 바 있다.

출처: 안범희(2000). 《성격 심리학》

누구든지 마음만 먹으면 불행했던 과거 '쓰인 인생 각본'에서 벗어나 주도적이고 적극적이고 긍정적인 삶을 살 수 있다. 꿈과 희망이 있는 사람들은 '새로 쓰는 인생 각본'을 통해 날마다 새로워지고 진보하는 사람들이다. 세상일은 마음먹기 나름이다. 과거의 상처로부터 회복되고 건강한 사람이 된 경우는 얼마든지 있다. 나에게 상처 준 사람이 있는가? 이제 그를 수용하고 용서하자. 거짓 용서와 용서 거부에서 벗어나 주도적으로 수용하고 용서하자. 그러기 위해서는 상처와 직면해야 한다. 상처를 극복한다면 그 상처를 통해서 얻을 수 있었던 것이 분명히 있었을 것이다. 사람들이 자신감을 갖기 위해서는 자신의 심리 에너지를 잘 활용할 줄 알아야 한다.

그대가 부모로부터 물려받은 것도 없고,

하늘로부터 물려받은 것도 없는 처지라면
그대의 인생길은 당연히 비포장도로처럼
울통불퉁할 수밖에 없다.
그리고 수많은 장애물을 만날 수밖에 없다.
그러나 두려워하지 말라.
하나의 장애물은 하나의 경험이며
하나의 경험은 하나의 지혜다.
명심하라. 모든 성공은 언제나 장애물 뒤에서
그대가 오기를 기다리고 있다.

- 이외수 어록

출처: MBC '무릎팍 도사'

02 백아와 종자기

중국의 춘추전국시대에 있었던 이야기이다. 아름다운 우정을 간직했던 백아와 종자기 두 사람은 공통적인 관심사가 있었다. 그것은 동양 고전에 자주 등장하는 남성의 악기 거문고이다. 백아는 당대에 거문고의 명인이었고, 종자기는 거문고의 미세한 소리에도 반응할 수 있는 절대음감을 소유하고 있었다. 거문고를 연주할 수 있는 고귀한 손을 가진 백아, 백아의 거문고 연주를 들을 줄 아는 탁월한 청음을 가진 종자기의 만남은 서로에게 '의미 있는 타인'이었다. 자신을 충분히 이해해 주고 소통할 수 있는 의미 있는 만남은 그래서 소중한 것이다. 이 세상은 자신의 마음을 알아주는 단 한 사람으로도 충분히 살 만한 가치가 있다.

백아는 즉흥 연주를 즐겼는데, 하루는 거문고를 가지고 〈태산〉을 연주하였다. 종자기는 거문고 소리를 듣고 "이것은 높이 솟은 태산을 보는 것 같은 곡이군" 하였다.

어느 날 백아와 종자기는 산으로 소풍을 갔다. 그런데 갑자기 소나기를 만나 비를 피하려고 동굴에 들어갔다. 백아는 불안한 마음을 떨쳐 버리려고 거문고를 뜯었다.

거문고 연주를 들은 종자기는 감탄하며 이렇게 말했다.

"이 곡은 세차게 내리는 소나기를 연상하게 하는군."

"훌륭하네! 이 곡은 산사태를 생각나게 하는군."

백아의 거문고 연주가 끝났을 때마다 종자기는 마음에서 우러나오는 감탄과 감동을 전했다.

백아는 자신의 거문고 연주를 알아주고 공감해 주는 친구로 인해 구름 위에 뜬 기분이었다. 종자기는 훌륭한 거문고 감상자였다. 여자는 자기를 기뻐하는 남자를 위해 화장을 하고 장수는 자기를 알아주는 사람을 위해 목숨을 바친다는 말이 있다. 이렇듯 종자기는 백아의 연주를 정확히 들을 수 있는 음악적인 귀를 가진 것이다.

두 사람은 진실한 우정으로 인해 행복했다. 그러나 운명은 행복한 두 사람을 그대로 두지 않았다. 종자기가 병에 걸리게 된 것이었다. 백아의 정성스런 간병에도 불구하고 종자기는 죽게 되었다. 백아의 슬픔과 상실감은 무엇으로도 보충되지 않았다. 결국 백아는 종자기와의 모든 추억이 담겨 있는 거문고를 더 이상 연주하지 않기로 결심했고 거문고의 명주 줄을 끊어 버렸다. 진실로 고귀하고도 아름다운 우정을 보여 준 백아와 종자기이다.

그렇지만 백아는 또 다른 관점에서 생각해 볼 수는 없었을까? 진실로 종자기가 백아에게 바란 것은 무엇이었을까? 우리가 백아였다면 얼마 동안 애도 기간을 가진 후 다시 용기를 내야 할 것이다. 분명 힘든 과정이었겠지만 우리 인생은 긍정에 대한 도전이기에 다시 일어서야 하는 것이다. 진정하기! 뜨거운 생각에서 차가운 생각으로 마음의 전환이 필요하다. 불행한 운명 앞에 그것을 승화할 수 있는 힘은 우리 내면에 있다. 백아는 또 다른 도전을 했어야 했다.

다시 살아내야 하는 이유, 다시 도전을 해야 하는 이유는 우리의 삶은 상실로 끝이 아님을 직시할 때 상실과 고통 너머에 또 다른 희망을 발견하기 때문이다. 희망의 발견!

> 가난하다고 탓하지 말라.
> 나는 먹을 게 없어 들쥐를 먹고 연명했다.
> 무식하다고 탓하지 말라.
> 나는 내 이름자도 쓸 줄 모른다.
> 불우하다고 탓하지 말라.
> 나는 어려서 고아가 됐고 고향에서도 쫓겨났다.
> 포기하고 싶다고 말하지 말라.
> 나는 목에 칼을 쓰고도 도망쳤고 뺨에 화살을 맞고도 살아났다.
> 그러나 나는 남의 말을 들을 줄 아는 귀를 가졌고 두 귀는 나에게 가르쳐 주었다.
> 적은 밖에 있는 것이 아니고 내 안에 있다고.
> 두 귀가 가르쳐 준 대로 살다 보니 나는 세계를 제패했고 내 이름은 징기스칸이 되었다.
>
> \- 징기스칸 어록

출처: 최윤희 행복 전도사 강연 테이프

03 장막을 뛰어넘는 특별한 늑대로 키우라

발트 해 연안의 울창한 숲 속, 커다란 나무 사이에는 붉은 장막이 쳐 있다. 이것은 무엇일까? 다름 아닌 늑대 사냥꾼들이 쳐 놓은 함정이다.

늑대 사냥꾼들은 늑대들을 겁주고 위협하는 자극적인 나팔소리를 요란하게 울리며 늑대들을 붉은 장막 안으로 밀어붙인다. 그동안 늑대들은 울창한 숲에서 들짐승으로서 거칠게 모든 것을 헤쳐 나왔다. 그런 늑대들이 천 조각에 불과한 붉은 장막 앞에서 흠칫 놀라 멈춘다. 사냥꾼들의 올무와 총 앞에서도 물러섬이 없던 늑대들이 왜 장막 너머로 도주하지 못하는 것일까? 늑대들이 결정을 내리지 못하고 머뭇거리는 사이, 사냥꾼들이 늑대들을 포획한다.

그러나 모든 늑대들이 장막을 두려워하는 것은 아니다. 장막을 향해 돌진하며 죽으면 죽으리라는 각오로 도전하는 특별한, 아주 특별한 늑대들도 있다.

과연 여러분을 두렵게 하는 '붉은 장막'은 무엇일까?

장막의 정체와 직면하는 것이 두려운가? 장막 자체가 두려운 것이 아니라 장막을 크게 보는 나의 마음이 더 문제인 것이다. 두려움은 직시하면 되고, 어려움은 극복하면 된다.

장막 너머에는 무엇이 있을까? 우리가 그토록 원하고 꿈꿔 온 것들이 있지 않을까? 아름다운 꽃, 끝없이 펼쳐진 초원, 기암괴석, 갈증을 풀어 주는 옹달샘이 있으리라.

장막을 넘어갈 수 있는 용기와 도전, 나의 한계를 넘어설 수 있는 결정이 나를 성장하게 한다. 사람에 따라 장막은 여러 종류로 나눌 수 있다. 자존심일 수도 있고, 가정환경일 수도 있고, 육체적인 시련일 수도 있다. 그러나 이런 장막을 직면하고 넘어설 수 있다면 우리는 한층 더 성장한 자신과 대면할 것이다.

돈 후안은 '일반인과 전사의 차이는 일반인이 모든 것을 은총과 저주로 분간하는 데 비해, 전사는 모든 것을 도전으로 본다는 데 있다'고 말했다.

이처럼 인생의 사건을 보는 관점과 시각을 조금만 바꾸어도 똑같은 상황 앞에 이처럼 다르게 행동하게 된다. 그동안 우리 발목을 붙잡고 있었던 '붉은 장막' 나의 한계는 무엇인지 곰곰이 생각해 보자. 그것의 정체를 밝히고 분석해서 일목요연하게 정리해서 써 보자. 감정적인 대응으로 '난 못해', '난 안 돼'라는 사적 자기 언어를 과감히 떨쳐 버리고 '그래 한번 해 보는 거야'라고 내면에 이야기해 보자.

'진정하기'를 통해서 내가 할 수 있는 것을 정리해서 써 보자. '차가운 머리'로 돌아가자. 문제 해결의 실마리는 '진정하기'와 '차가운 머리'임을 자각해야 한다. 그리고 나서 내가 할 수 있는 일을 곰곰이 생각해 보아야 한다. 의외로 간단히 문제 해결 방법이 떠오를 수도 있을 것이다. '뜨거운 머리'에서 '차가운 머리'로 전환하게 되면 행동의 방향성이 결정되고, 여유가 생긴다. '뜨거운 머리'에서는 문제의 원인을 타인에게 고정시키고 충동적으로 행동하게 된다. 이렇게 되면 최선의 방법을 생각하기보다는 단편적인 방식으로 비효과적인 행동을 하게 되기 때문에 '뜨거운 머리'는 문제를 해결하기보다는 문제를 더 악화시키게 된다. 그러나 '차가운 머리'는 문제를 해결하는 방법을 심사숙고해서 선택하고 결정하기 때문에 최선의 방법을 선택할 가능성이 높고 문제 해결에 도움을 준다.

04 희망의 말을 하라

인도 요가 단계 중에는 '상칼파'라는 것이 있다. 상칼파 대화라 함은 언어로서 대화의 화자가 청자에게 용기, 희망, 긍정의 말을 해 주는 것을 의미한다. 특히 어린이의 마음은 백지상태와 같이 아무것도 쓰여 있지 않은 흰 도화지와 같다. 이런 상태에서 긍정의 그림을 그리는 것이 중요하다. 부모님은 어린이에게 무엇을 먼저 가르치기 전에 긍정과 플러스 사고를 만들어 주는 것이 중요하다. 경제적 문제로 파생되는 물질의 배고픔보다 중요한 것이 심리적인 면이다.

영화 '고지전'에는 7살에서 8살가량의 어린이들이 등장하는데, 전쟁을 피해 군인들 처소에서 보호받고 있는 처지의 여자아이와 남자아이의 대화 중 인상 깊은 대목이 있어 소개한다.

한쪽 팔의 팔꿈치 부분부터 장애를 입은 여자아이는 남자아이에게 말한다. "나 어른 되면 팔 나오지? 맞지?" 그러자 남자아이는 "아니야. 네 팔은 나오지 않아"라고 말한다.

그들은 계속 자기 주장을 펼치면서 옥신각신하다가, 여자아이가 자신의 말이 맞다는 것을 증명하기 위해 군인 아저씨를 찾아간다. 하지만 군인 아저씨는 사실에 기초한 잔인한 말을 해 준다. "네가 도마뱀인줄 알아? 너는 영원한 병신이야." 군인 아저씨는 여자아이에게 물리적인 폭력을 행사하지는 않았지만 정서적, 언어적 폭력을 행사했다. 여자아이는 오랫동안 그 말의 휴우증과 전이로 정서적인 혼란과 불안을 겪게 될 것이다.

이와 반대로 치유하는 말을 하는 사람도 있다. 미국으로 이민 간 어느 아랍인 가정의 일화를 다룬 다문화 관련 영화가 좋은 예이다. 이 영화에는 상칼파 대화의 치유 모습이 나온다.

영화 속의 아랍인 가족은 아버지, 어머니, 어린 딸이다. 911 테러 직후라 아랍인들은 미국 사회에서 배척받고 고립되어 있으며, 부정적인 편견과 선입견으로 부당한 처우를 받았다. 아랍인 아버지의 직업은 열쇠 수리공이다. 어느 날 부유한 백인이 현관 열쇠 수리를 맞기는데 아랍인 열쇠 수리공에게 편견을 가지고 대하고 도둑으로 의심하기까지 한다. 열쇠 수리공인 아버지는 피곤한 몸으로 집으로 돌아온다. 아랍인 가족이 사는 동네는 슬럼가로 총기 난사 사고 등 범죄 우범지역이다. 어린 딸은 무서워하며 밖으로 한발도 내딛지 못하며 불안을 토로한다. "아빠 너무 무서워요. 총소리도 무섭고 제가 총을 맞으면 어떡하지요?" 그러자 아버지는 이런 말을 해 준다. "내가 어렸을 때 한 천사가 나에게 와서 '투명 방탄조끼'를 선물해 주고 갔단다. 그런데 아빠는 이제 튼튼한 어른이 돼서 이 방탄조끼가 필요 없단다. 이제는 이 투명 방탄조끼를 너에게 주고 싶어. 이 옷을 입으면 넌 모든 위험에서 안전해. 자, 입혀 줄게." 소녀의 아버지는 방탄조끼를 조심스럽게 벗는 행동을 하며, 어린 딸에게 입혀 준다. 소녀는 아빠에게 '투명 방탄조끼'를 받아 입고 안도의 숨을 내쉬면서 기쁨이 가득한 얼굴 표정을 짓는다.

모든 어른은 어린이에게 또는 그들의 자녀에게 용기와 희망, 긍정의 '상칼파' 대화를 해 주어야 한다. 상칼파 대화는 마음의 보약이다. 자녀에게 마음의 보약을 먹이자.

05 마음의 꽃밭에 물 주기

얼마 전 도서관에서 있었던 일이다. 도서관에서 작가와의 만남이란 주제로 강의가 있어 갔었는데, 전에 함께 일하던 동료가 있었다. 그런데 인사할 상황이 아니었다. 초등학교 3, 4학년이 되었을까 하는 그녀의 아들이 장화를 신은 발로 엄마의 다리를 뭐라 욕을 하면서 있는 힘껏 몇 번이나 걷어 차고 있는 중이었다. 그것도 도서관 복도 통로에서…….

그 동료는 부드럽고 유한 사람이었다. 그 동료는 철저히 '자유방임적인 교육관'을 고수하였는데 그 결과는 10여 년 만에 확실하게 드러났다. 조금 더 지나 그 아들이 사춘기가 되면 어떻게 변할까? 걱정이다.

어린 시기에는 나쁜 버릇이나 습관을 뿌리 뽑기가 쉽다. 어린 묘목은 뽑기 쉬우나 조금 자란 후에는 뿌리가 깊어 뽑기가 힘들다. 사람 역시 성장 전에 도덕성에 물을 주어 키워야 한다.

요즘 우리나라 유아교육에서는 마리아 몬테소리의 5감각 교육을 기초로 하여 우리나라 실정에 맞게 2감각을 추가한 전남련 박사의 7감각 교육이 우리 교육의 부족한 점을 보완해 주고 있다. 7감각 교육 중의 6감각이 바로 육감과 도덕성이다. 자녀와 함께 도덕성 매뉴얼을 만들어 생활 속에서 실천해 보자. 세계적인 보편 가치도 중요하지만, 우리 조상들의 아름다운 유산인 고유 가치도 중요하다. 그중에서도 우리 조상들이 《천자문》을 떼고 나서 공부하던 《소학》에는 사람으로서 갖추어야 할 도리를 암송하게 하여 그 가치가 내면화되도록 하였다. 그중의 오품은 부자유친, 군신유의, 부부유별, 장유유서, 붕우유신이다. 부모에게 효를 다하고, 나라와 임금에게는 마음을 다하고, 부부간에는 예로 대하고, 선배를 알아보고, 친구 간의 우정을 소중히 여기는 자녀로 키우자.

자녀가 도덕적인 실천을 하기 바란다면 먼저 자녀의 마음을 보아야 한다. 자녀의 마음밭이 좋은 밭일 때 공부도 도덕성(바른 가치)도 씨앗처럼 심겨 자랄 것이다. 자녀의 마음밭에 장미꽃을 심을까? 라일락을 심을까? 코스모스를 심을까? 즉, 자녀의 과제 능력은 키워주려 하면서 도덕성의 기본 전제가 될 수 있는 마음밭이 건강하여 꾸준히 잘 자랄 수 있는지를 염두에 두지는 않는다. 마음이 촉촉하고 예뻐야 재능도 잘 자라서 남을 돕는 이타적인 사람이 된다. 마음밭이 딱딱하면 장미라는 재능이 잘 자랄 수도 없고 행여 자라날지라도 이타적인 사람보다는 자기애가 너무 강하고 타인을 배려할 수 없는 이기적인 사람이 되기 쉽다.

자녀의 마음밭을 잘 가꾸려면 많은 가치를 탐색하게 하고 좋은 가치를 선택하여 실천할 수 있는 아이로 키워야 한다. 타인을 공감하는 아이가 행복하고 미래에 성공한다.

"아이야 네 마음을 볼 수 있겠니? 네 마음을 아름다운 꽃밭으로 만들 수 있는 것도 너란다. 네 마음을 황량한 벌판처럼 만들 수 있는 것도 너 자신이란다. 네 마음에서 자라나는 것들, 즉 부정적인 생각과 부정적인 정서들을 매일매일 씻어 버리고, 좋은 것들을 자라게 해 보렴."

위대한 사상가 함석헌 님의 소중한 마음 이야기를 들어 보자.

"꽃을 심는 사람은 그 꽃밭을 잘 지키고 가꾸겠지. 그래야 가을볕이 맑을 때 웃는 꽃을 볼 수 있을 것 아닌가? 네 맘은 무엇인줄 아느냐? 그것도 꽃밭이다.

누가 그 씨를 심은지를 너는 알지. 그럼 너도 네 꽃밭을 지키고 가꾸어야 한다.

버러지가 아니 먹게, 짐승이 뛰어들지 않게, 병이 아니 나게, 비바람이 침노치 않게, 가물이 들지 않게, 날마다 새를 쫓아야 하고, 날마다 물을 주고 풀을 매야 한다."

출처: 함석헌(2003). 《너 자신을 혁명하라》

06 사랑 비타민이 필요한 시기(학령 전후기)

친하게 지내고 있는 지인이 고아원에 방문해서 아이들과 함께했다고 한다. 그런데 밤에 한 꼬마가 서럽게 울었다고 한다. 떠나간 엄마에 대한 그리움으로 '엄마'를 부르더란 것이다. 그 목소리가 얼마나 간절하고 애절했는지 가슴이 아려 왔다고 한다. 자녀에게 엄마는 어떤 의미일까?

우선 엄마는 신체적 영양의 1차 공급자이고, 정서적 안전감의 원천이다. 자녀의 정서적, 신체적 안전기지가 바로 엄마이다. 그런 엄마를 대신할 '주 양육자'가 있다면 아이에게 별문제가 생기지 않는다. 그런데 인생 초기에 엄마의 결손, 즉 주 양육자와 신뢰관계가 형성되지 않으면, 이후 모든 관계에서 문제가 발생하게 된다.

엄마는 아이에게 대지이고, 사랑의 원천이고, 신의 사랑 속성을 가장 잘 대변해 주는 대변자이고, 의미 있는 타인이다. 하나님이 너무 바쁘셔서 대신 보낸 분이 바로 '엄마'이다.

많은 사람들은 '엄마'라는 이 함축적인 말 한마디에 코끝이 찡해지고, 가슴이 시려 옴을 느낀다.

10살 이전에 엄마와의 따뜻한 기억이 있는 아이들은 건강한 성인이 될 수 있다. 3세까지 엄마와의 관계가 좋으면 정신병에 걸리지 않고, 6세까지 엄마와의 정서적인 교류가 원만하면 신경증도 잘 걸리지 않는다고 한다. 그래서 10살 전까지는 엄마가 자녀와 함께하는 것이 좋다. 꼭 직장에 나가서 돈을 벌어야 하는 상황이 아니라면, 여행을 조금 덜 하고, 소비를 줄이더라도, 아이와 함께하는 것이 장기적으로 아이의 인생에서 정서 통장의 예치금을 들어 주는 것이다.

인생은 자신의 목표와 생각대로 되지 않을 때도 있다. 직장생활이 너무 바쁘다 보면 그만큼 자녀에게 소홀하다고 한다. 직장생활을 하는 엄마들은 직장일, 남편, 자녀, 가사일 등 많은 것에서 어디에 무게중심을 두어야 할지 불분명하고 불안하다. 일에 무게중심을 두다 보면 남편, 자녀, 가사일 등은 소홀히 하게 된다. 엄마 역시 인간이며 인간은 부족분의 동물로서 한계와 불완전성을 갖게 마련이다. 직장과 가정에서의 모든 일을 완벽하게 다 잘하기는 어렵다. 초긍정적으로 살아가면 어느 정도 가능한 일이지만 슈퍼우먼 콤플렉스에 시달릴 가능성이 높다. 필자도 그랬다. 슈퍼우먼 콤플렉스에 시달렸고, 교감신경이 활성화되어 몸에 균형이 깨진 상태로 스트레스가 누적되었다. 그래서 필자는 돈을 포기하고 '프리랜서'로 활동하며 그 에너지를 자녀와 가정에 쏟고 있다. 자녀와 꽃은 닮은 점이 많다. 관심을 가져 주고 다독이면 더 잘 성장하는 특징이 있다. 물론 경제적으로 여유가 없어서 명품 옷도 못 입히고, 여행도 자주 못한다. 그 대신 우리 가족은 책을 통해 간접 경험으로 즐거움을 찾고, 저렴한 가족여행, 박물관 관람을 자주하고 있다. 그런데 마음의 행복지수는 높아졌다. 맞벌이하면서 부부 둘 다 신경이 곤두서 있을 때보다 훨씬 만족스럽다. 스테이크 대신 자장면을 먹어도 행복하다.

물질만이 행복을 주는 것은 아니다. 아이는 엄마와 있는 것을 더 원한다. 물론 가장 좋은 것은 정서적 안정과 물질적으로 풍족한 환경을 다 주는 것이다. 물질이냐? 정서적 안정이냐? 두 가지 문제로 고민하는 엄마들에게 나는 감히 정서적 안정을 선택하라고 할 것이다. 인생의 선배로서 조언을 한다. 물질보다는 자녀와 함께 있어 주고 시간을 많이 보내 주는 정서적 안정에 기여하는 선택을 하라고 말이다. 그 선택은 분명 후회하지 않을 선택이다.

만약 '클레오파트라'와 같은 기질을 가지고 있는 엄마로서는 후회할 선택일 수도 있다. 클레오파트라 기질의 엄마는 자신의 직접적인 성취를 더 선호하여 남편이나 자식을 통한 간접적인 성취는 의미가 없다고 생각하는 개인주의 성향이 강하기 때문이다. 그러나 '마리아' 같은 기질의 엄마라면 대단한 잠재적 가능성이 있는 선택일 것이다. 마리아형 엄마는 돕는 자로서의 정체성을 더 중요하게 생각한다.

✲ 속담의 진화

➔ 왕후장상의 씨가 따로 있나 내 자식이 바로 왕후장상의 씨이다.

07 정서적 상처 치유하기

아이들은 생활 속에서 스트레스가 생기거나 두려울 때면 먼저 몸이 움츠러들고 그 다음으로 마음이 움츠러든다. 자신이 작아지는 느낌을 받게 되면 몸과 마음의 근육이 긴장한다. 긴장하면 외부의 자극이 잘 스며들지 않는다. 그러므로 이완해 줄 필요가 있다. 이완하는 방법은 두 가지가 있다. 몸을 이완함으로써 마음을 부드럽게 할 수도 있고 마음을 이완하여 몸을 부드럽게 만들 수도 있다. 몸과 마음은 하나로 연결되어 있기 때문이다.

자녀와의 대화를 통해서 생활 스트레스가 무엇인지 알아보자. 대부분 마음을 이완하고 편안하게 있으면 해결의 실마리가 보이기 마련이고 문제의 실타래는 쉽고 가까운 곳에서 풀리기 시작한다.

자녀에게 먼저 마음에 보약을 먹여 주자. 언어중추가 모든 신경을 지배한다. 따뜻하고, 희망적이고, 용기를 주는 말을 해 보자.

"이제 마음으로 여행을 떠나 보자. 준비물은 간단해. 그건 바로 너의 충분한 상상력이야. 자, ○○야 풍선이 되어라. 짠! 너는 초록색의 가벼운 풍선이 되었구나. 노란 풍선과 초록 풍선은 하늘 높이 날아올라 여행을 다녔어. 이제 너는 쉬고 싶어서 멋진 폭포를 배경으로 펼쳐져 있는 잔디에 누웠어. 잔디는 부드럽고 폭신폭신하단다. 네 옆에는 키 작은 꽃들이 만발해 있고 향기로운 냄새가 은은하게 풍겨 나오고 있단다. 너는 코를 킁킁거리면서 냄새를 맡고 있단다. 너는 머리부터 발끝까지 온몸이 아주 편안하단다. 네 몸 위로 작고 부드러운 꽃잎이 하늘거리며 끝없이 내리고 있단다. 이 부드러운 꽃잎이 너의 피로, 걱정, 슬픔, 자존심, 수치심, 부정적인 감정들을 모두 가지고 다른 곳으로 날아가고 있단다. 아주 멀리 더 멀리 너의 걱정은 다 사라지고 있단다. 이제 희망의 해가 네 머리 위로 떠올랐어. 약속을 상징하는 오색찬란한 무지개가 걸려 있네. 눈이 부시게 아름답구나! 찬란한 빛이 무지개로부터 쏟아져 내려와 네 몸을 비춰 주는구나! 빨간 빛은 너에게 열정을 전해 준단다. 주황빛은 너에게 기쁨을 준단다. 노란 빛은 순수함을 전해 주고, 초록빛은 생명력을 주고, 파란 빛은 지혜를 주고, 남색은 믿음을 주고, 보랏빛은 너에게 아름다움을 느끼게 해 준단다. 이 멋진 무지갯빛의 선물을 받으렴."

이런 이야기로 자녀의 마음을 열어 준 후 부드럽고 달콤한 음악을 틀어 준다. 부드러운 음악이 자녀의 마음속에 있는 불안과 상처를 만져 주고 잠재의식 깊숙이 스며들어 치유가 시작된다. 부드러운 음악으로는 생상의 '백조'가 적당하다. 슬프거나 우울하거나 기분이 너무 가라앉아 있을 때 침울한 음악은 내적 자아를 더 활성화시켜 내면의 감정을 더욱 가라앉히게 되므로 피하는 것이 좋다.

우리 몸은 중추신경계과 말초신경계로 나누어지고 말초신경은 체신경과 자율신경으로 구분된다. 자율신경은 다시 교감신경과 부교감신경으로 구분한다. 교감신경은 대개 위기나 스트레스 상황에 대처하는 데 주로 관여하고 부교감신경은 소화 작용과 같은 일상적인 생존 기능을 유지하는 데 관여한다. 편안히 이완하고 있을 때는 부교감신경계가 활성화된다. 그리고 긴장하거나 스트레스를 받게 되면 교감신경계가 활성화된다. 오랜 기간 교감신경이 활성화되어 작동하면 스트레스가 누적되어 몸의 질병을 유발한다. 몸에 가장 좋은 것은 교감신경과 부교감신경의 균형을 찾는 것이다. 현대 어린이들은 교육과 학습 시간에 쫓기고 새로운 정보를 계속 받아들이다 보면 어쩔 수 없이 긴장하고 스트레스 받는 환경에 노출될 수밖에 없다. 음악과 명상, 상칼파 대화는 어린이 몸의 부교감신경 활동을 도와 심신을 안정시킨다.

| 심신 안정을 돕는 음악 감상곡 |

구분	작곡가	곡명
아침 시간	베토벤	운명 교향곡
	드보르작	신세계 교향곡
	요나손	뻐꾸기 왈츠
	기스	아미릴리스
놀이 시간	쇼팽	강아지 왈츠
	엔더슨	고양이 왈츠
	차이코프스키	트로이카
	홀스트	목성

구분	작곡가	곡명
잠들 때	바흐	G선상의 아리아
	생상스	백조
	마스네	타이스의 명상곡
	베토벤	월광 소나타
간식 시간	드보르작	현을 위한 세레나데(1악장)
	모차르트	작은 별 변주곡
	그리그	노르웨이 춤곡 제2번
	헨델	시바 여왕의 도착

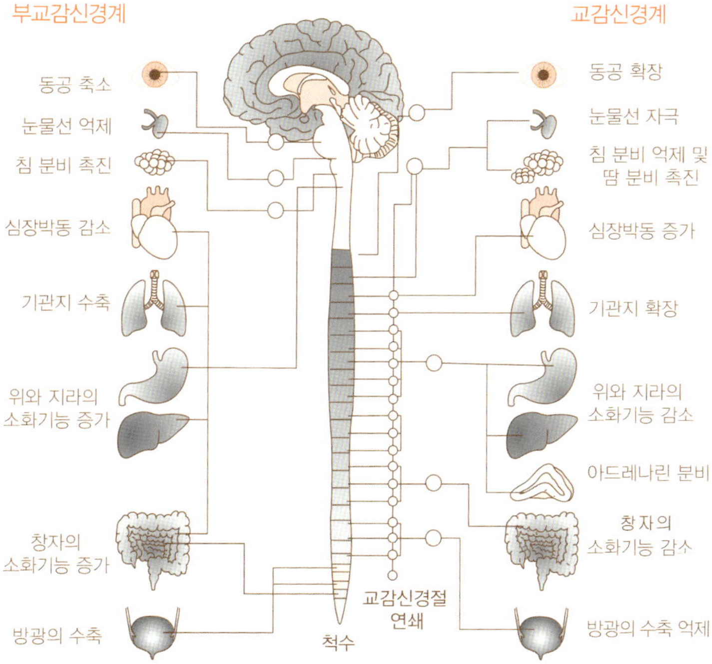

| 교감신경과 부교감신경 |

08 자녀의 마음속에 살고 있는 '무시무시한 꽥꽥이'

도서관에서 아동도서를 보다가 우리 아이 상황과 비슷한 이야기가 있어 빌려 왔다. 토스테인 톰센의 《무시무시한 꽥꽥이》란 책으로 6살 딸과 11살 아들 둘 다를 만족시킬 만한 책이었다. 그날 밤 '베드사이드 스토리텔링'을 해 주었더니 짐작대로 대성공이었다. 아이들은 재미있는 스토리의 반복을 좋아한다. 필자의 딸은 너무 재미있다면서 세 번이나 다시 읽어 달라고 했다. 동화 내용은 다음과 같다.

몸이 작은 꽥꽥이는 몸이 큰 꽥꽥이 때문에 마음고생을 하게 되고 나중에는 잠도 못 이루는 상황까지 가게 된다. 아빠와 아들 꽥꽥이는 '불안'의 정체인 '무시무시한 꽥꽥이' 제거 대작전에 돌입한다. 우선 아빠 오리는 아들 오리에게 마음의 공포 대상인 무시무시한 꽥꽥이를 도화지에 그리게 한다. 아들 오리는 커다랗고 초록색인 무시무시한 꽥꽥이를 그린다. 두 부자는 이 그림을 봉지에 넣고 꼭꼭 입구를 묶은 후 그 봉지를 들고 한밤중에 공동묘지로 간다. 공동묘지는 높은 담으로 둘러싸여 있는데, 아빠 오리가 그림 봉지를 담장 안 공동묘지로 던져 넣는다. 그런데 공동묘지 근처에서 길 잃은 새끼 고양이를 보게 된다. 집에 돌아온 아들 오리는 무시무시한 꽥꽥이가 봉지를 찢고 나와 새끼 고양이를 해칠까 봐 전전긍긍한다. 두 부자는 다시 공동묘지로 돌아가 그림 봉지를 찾아서 집으로 돌아온다. 너무 추웠던 두 부자는 벽난로 앞에서 차를 마신다. 아들 오리는 문득 기발한 아이디어가 떠오른다. "아빠, 무시무시한 꽥꽥이를 벽난로 속에 던져요." 아빠 오리와 아들 오리 부자는 평온한 밤을 맞게 된다.

동화 속에서처럼 우리 아이들의 마음을 불안하게 하는 요소들이 도처에 널려 있다.

> 객관적 불안과는 달리 신경증적 불안의 근원은 주로 자신의 성격 내부에 존재하며 적응과 건강에 유리하게 기능하지 않는다.
>
> -《심리학사》(임성택·안범희 옮김)

아이들은 일찍부터 작은 사회생활을 기점으로 하여 공부 스트레스, 발달 과업 완성하기 등등 많은 스트레스와 불안을 느낄 수 있다. 이럴 때 아이를 불안하게 하거나 힘들게 하는 일들을 떠올려 그림으로 그려 보게 하자. 생각을 잘 떠올리지 못할 때는 타레가의 '눈물'이나 비제의 '아를르의 여인' 같이 감정이입에 도움이 되는 음악을 틀어 주면 더욱 쉽게 마음의 찌꺼기를 떠올리게 할 것이다. 그리고 그것과 이별여행을 떠나야 한다. 마음에서 공포를 지울 수 있도록 해야 한다. 공포의 대상을 그리거나 써서 찢어 버리는 것도 카타르시스 효과가 있어 어느 정도 마음이 시원할 것이다.

미국 대통령 링컨에게도 이와 비슷한 일화가 있다. 링컨은 대통령이 되었을 때 자신의 말을 듣지 않는 장관들로 골치를 앓았다. 좌절과 분노의 감정이 일어날 때마다 장관들에게 자신의 마음을 담은 편지를 썼다. 그리고 장관들에게 부치지 않고 쫙쫙 찢은 후 쓰레기통에 버렸다고 한다. 남을 미워하는 감정은 결과적으로 자신을 괴롭게 하므로 자신의 마음속에 간직하지 않고 털어 버린 것이다. 바로 정신의 먼지를 털어 버린 것이다. 부정적인 감정은 보물이 아니고 나를 괴롭히는 보이지 않는 '오염 가스'로서 이것이 내부에 쌓여 있으면 폭발하게 되어 있다.

미술치료로 사용하는 기법들은 대부분 이런 원리로 구성되어 있다. 정신적 위생 개념도 육체를 씻는 샤워나 목욕과 같은 것이다. 얼굴에 먼지가 묻으면 세수를 하는 것처럼, 정신과 영혼에도 먼지가 묻으면 닦아 내면 된다. 먼지와 땀이 결합하면 불결해지듯이 정신과 영혼도 외부의 상처와 여린 자아가 결합되면 마음의 병이 생기는 것이다. 이럴 때는 목욕하듯이 치료를 받는 것이 중요하다. 마음이라는 것은 육체보다 예민하다. 자주 돌아보고 닦아 주고 청소를 해 주고 크림도 발라 주어야 한다. 그냥 내버려 두면 마음도 병에 걸리고 만다. 아픈 수준이 경하면 치료할 수 있지만, 중하면 치료 기간도 오래 걸리고 만성적인 병이 되고 만다. 그래서 매일매일 마음을 닦고 마음의 흐름을 잘 파악해야 한다.

부모가 먼저 솔선수범해 보자. 마음의 힘을 길러 미성숙한 방어기제보다는 성숙한 방어기제를 쓰도록 한다. 스트레스 상황에서도 웃음, 유머, 승화, 억제, 이타주의 행동 등을 취하는 것이 성숙한 방어기제이다. 자녀들은 부모의 정신적 건강함을 그대로 닮기 때문이다.

09 소비할 것인가? 존재할 것인가?

인생의 아이러니와 비애는 이것이다. 대부분 돈이 있으면, 시간이 없고, 시간이 있으면 돈이 없다는 것이다. 새로운 직업과 새로운 인생 변화에 대처하기 위해서 시간도 돈도 있어야 한다. 어른이 된 후 변화에 대처하기 위한 기술 습득이나 학교에 진학하게 될 때 또다시 부모님께 손을 벌릴 수는 없다. 이럴 때 모아 둔 돈이 없다면 조금(?) 괴롭다. 배움과 아르바이트를 동시에 하다 보면 배움에 집중하기 어렵고 그러다 보면 아르바이트가 직업이 되는 유혹을 이기지 못하게 된다.

자신의 미래를 위해서라도 '소비의 정글'에서 살아남아야 한다. 더구나 아이들은 눈을 동그랗게 뜨고 부모를 지켜보고 있고, 그대로 따라 하기 때문이다. 낭비벽도 '대물림'된다.

소비의 정글에서 살아남는 어른은 충분히 어른 자격, 엄마의 자격이 있다. 광고를 보면 쭉쭉 빵빵 미인, 큐피 인형의 효과를 불러오는 아기들, 그리고 귀여운 동물들을 자주 주인공으로 등장시킨다. 광고에 나오는 최신 유행하는 기기들, 자동화된 여러 설비가 있는 가정들, 멋진 옷과 빛나는 차들을 보면 왠지 필자를 둘러싸고 있는 환경이 초라하게 느껴진다. 그 순간 '지름신'이 강림한다. 나의 빈 영혼과 정신 그리고 육체적 욕망을 부추기는 지름신은 오늘도 어김없이 나를 찾아온다. 지를 것인가? 말 것인가? 이것이 문제로다. 맘에 들면 '세트'를 추구하는 엄마의 영향을 받은 아들 역시 장난감을 색색대로 세트로 구입한다. 아들은 얼마 전 영화 '아이언 맨 3'를 보았다. 그 후 금색 테두리를 두른 아이언맨 하나, 군청색 슈트를 입은 아이언맨 하나, 그리고 마지막으로 와인색 슈트를 입은 아이언맨을 구입한 것이다. 큰일이다. 아들을 통해 나를 본다. 나의 행동에 사진을 찍듯 아들은 그대로 나의 소비와 구매 행동을 모방한다. 필자는 셔츠를 살 때도 색깔대로 하나씩 구입한다. 디자인은 동일하지만, 흰색의 셔츠, 하늘색 셔츠, 그리고 마지막으로 검정색 셔츠를 구입한다. 아들은 엄마의 행동을 그대로 모방한다.

'오호 통재로다.' 나는 심각하게 나의 소비 행동을 반성해 본다. 정신 생활이 없으면 진정한 어른이 아니다. 욕심은 늘 지나치기 쉬운 것이고 정신은 눌리기 쉬운 것이다. 나는 아직도 정확하게 어른이 아니다. 어른이 되어 가고 있고, 바람직한 엄마가 되려고 오늘도 흔들리면서 절제를 배워 가고 있다. 눌린 정신을 일깨우는 한 가지 방법은 좋은 책을 읽는 것이다. 훌륭한 정신적 파동에 의한 울림으로 쓰인 책과 소통하고 훌륭한 작가와 정신적 교감을 나누면 얼마 동안 나의 어리석은 소비행동은 잠을 잔다.

마음과 정신 그리고 영혼이 허하고 배가 고플 때 소비 행동은 불타오른다. 이때 정신적 균형과 정신 상태 양호는 '절제'를 지향하게 된다. 나의 과소비는 대부분 마음이 불안할 때 일시적으로 나타나고 있었다. 나를 통해 아들은 소비 행동을 학습해 간다. 그리고 그 소비행동은 체험을 통해 고스란히 몸과 마음에 저장되어서 습관이 된다. 일단 한번 형성된 습관은 벗어나기가 힘들다. 절제하는 방법 또한 엄마를 통해 누적적으로 학습하게 된다.

지를 것인가 말것인가를 결정할 때 자신에게 중요한 질문 세 가지를 해야 한다. 질문 세 가지를 통해 소비의 노예가 아닌 분별력 있는 판단력을 가진 주체성 있는 소비자가 되어야 한다.

질문 하나, 이 물건은 필요성이 있는가?

질문 둘, 가격이 적절한가?

질문 셋, 이것을 산 후에 후회하지 않을 수 있는가?

필자와 아들은 위의 세 가지 질문에 대해 곰곰이 생각했다. 앞으로 소비를 결정할 때는 세 가지가 모두 충족될 때 물건을 산다고 토론의 결론을 냈다.

욕구와 현실이 갈등할 때 자기 자신에게 질문할 수 있는 어른이 있다면, 소비의 정글에서 살아남아 자녀에게 좋은 역할 모델링이 될 수 있을 것이다.

돈을 사랑치 말고 있는 바를 족한 줄로 알라.

- 히브리서 13장 5절

돈을 사랑함이 일만 악의 뿌리가 되나니 이것을 사모하는 자들이 미혹을 받아 믿음에서 떠나 많은 근심으로써 자기를 찔렀도다.

- 디모데전서 6장 10절

10 뇌를 이완해 주는 음악놀이

자녀의 학습 효과를 높이려면 뇌를 이완 상태로 만들어 주자. 항아리 뚜껑이 덮여 있으면 물이 하나도 흡수가 되지 않는다. 그러나 뚜껑이 열려 있으면 어떻게 될까? 아주 작은 물방울이라도 모여 물을 고이게 할 수 있다. 뇌는 밭과 같다. 밭이 촉촉하고 부드러워야 무엇이든 잘 심어져 풍성히 자라 열매 맺는 것처럼, 뇌를 이완시켜 주는 것이 중요한 일이다.

뇌는 우리 몸의 사령기관이다. 사령기관이 이완되어 있으면 몸도 같은 규칙과 리듬의 파동을 탄다. 뇌가 알맞게 이완되어 있으면 (적당한 긴장 필요함) 과제에 집중하여 좋은 결과를 가져오게 된다. 그러나 뇌가 긴장하고 있는 상태에서 집중하면 불안이 높아져 파괴적 결과를 불러오게 한다. 그러므로 아이의 뇌 상태를 점검해 보자. 정상 궤도에서 이탈한 뇌는 짜증 수준이 높아지고 방어 시스템을 갖추고, 더 나아가서 분노한다. 이럴 때는 아이에게 '~하지 마라'라는 충고보다는 상호 동시적인 놀이를 매개체로 사용해 보자. 동화책도 좋고 영화도 좋다. 그러나 머리형 아이들과 항상 공부에 지친 아이에게는 다른 놀이와 친숙해지는 것이 좋다.

스트레스를 받기 시작한 뇌는 정상 파동의 범주로부터 벗어나기 시작한다. 뇌의 파동은 우리의 몸에 영향을 미친다. 음악도 파동이기 때문에 정상에서 벗어난 뇌의 파동을 음악이 정상 파동으로 복귀시켜 준다. 두 번째 권하는 방법으로 등산이 있다. 자연 속에 가득한 피톤치드 향을 맡는 것도 좋은 방법이다.

엄마와 자녀가 함께 음악을 들으면서 몸을 부드럽게 움직이며 흔들어 보자. 처음 할 때는 쑥스러울 수도 있지만, 몇 번 하다 보면 자연스러워진다. 가사가 있는 노래를 이용하면 더 쉽다.

아침에 자녀를 깨울 때도 매일 같은 음악으로 깨워 보자. 아침에 뇌의 상태를 활기차게 이끌어 주는 음악으로는 베토벤의 '교향곡 5번 운명' 그리고 드보르작의 '신세계 교향곡'을 들 수 있다. 음악에 맞춰 아이의 몸을 주물러 주자. 쭉쭉이 체조도 해 주자. 아침을 기분 좋게 맞이하며 깨어날 것이다. 몸에 좋은 기운으로 하루를 시작하게 해 주자. 음악은 생명체의 진동을 느낄 수 있다.

음악을 듣는 귀가 열리면, 이제는 음악에 맞추어 가벼운 스트레칭을 해 보자. 그리고 아이와 상호 동시적인 놀이도 해 보자. 발트토이펠의 '스케이팅 왈츠'에 맞추어 아이와 함께 춤을 춰 보자. 가볍게 좌우로 리듬감 있게 움직이자. 중간에 높이 올려 주기도 하고 눈을 맞추면서 안아 주자. 기분 좋은 느낌을 전해 줘서 아이 몸의 긴장이 해소된다. 그러면 아이가 엄마에게 품고 있던 서운한 감정도 눈 녹듯 풀린다.

상호 동시적 놀이는 중요하다. 목표가 정해져 있지 않은 놀이를 통해서, 아이는 삶의 기쁨과 즐거움을 느낄 수 있다. 놀이의 효과는 몸과 마음의 이완과 건강의 회복에 있다.

음악을 들으면서 몸을 움직이는 놀이를 할 수 있는 노래는 포크송 종류이다. 움직임을 할 수 있게 가사에 동작어가 지시되어 있어 동작을 새로 만들지 않고도 생각나는 대로 움직일 수 있다. 예를 들면, '둘이 살짝 손잡고 오른쪽으로 돌아요 둘이 살짝 손잡고 왼쪽으로 돌아요 내 무릎 치고 ~'와 같이 동작어가 나와 있어서 가사대로 움직이면 된다.

아이의 눈을 보면서 마음을 읽어 주고 동작으로 함께 움직이며 스킨십을 하다 보면 마음이 편안해진다. 특히 유치원생들과 초등생들이 좋아하는 곡은 다음 표를 보고 참고하면 좋다.

| 가정에서 활용할 수 있는 음악 감상곡 |

작곡가	제목	활용 시간
헨델	수상 음악	휴식 시간
베토벤	로망스	휴식 시간
차이코프스키	백조의 호수	간식 시간
라벨	물의 희롱	놀이 시간
헨델	메시아 중 할렐루야	아침에 일어 날 때
코다이	빈의 음악시계	아침 시간
기스	아미 릴리스	아침 시간
드보르작	유모레스크	눈 뜰 때
보로딘	녹턴	잠잘 때
드뷔시	달빛	잠잘 때

음악을 선곡해서 동작할 때는 다음과 같은 점을 유의한다.

- 너무 산만한 아이에게는 시작할 때 조용한 음악이 좋다.
- 중간 부분에서는 신나는 것으로 에너지를 발산하게 한다.
- 마무리 역시 조금 다운된 음악을 제시해 준다.
- 소극적이고 우울한 아동에게는 도입부와 마무리 부분에도 가사나 곡의 분위기가 발랄하고 신나는 음악을 제공해 준다. 이때 소그룹으로 동작을 하면 친밀감 형성과 관계 증진에 도움이 된다.

| 구조적 동작에 좋은 가사가 있는 노래 |

순서	제목
1	그대로 멈춰라
2	둘이 살짝 손잡고
3	반짝반짝 작은 별
4	옆에 옆에
5	호키 포키
6	달팽이집
7	나처럼 해 봐요
8	뚱보 아저씨
9	우리 모두 다 같이
10	우리 집에 왜 왔니
11	여우야 여우야
12	오른손 왼손
13	모두 다 뛰놀자

11 인생은 worng or right이다

인간은 신과 동물의 중간자적 존재로, 완전한 존재가 아니므로 실수할 때도 있다. 옳을 때도 있고 그렇지 않을 때도 있다.

그러면 어떤 부모가 되어야 할까? 미성숙한 부모와 성숙한 부모가 있다. 성숙한 부모는 좋은 부모가 되려고 노력한다. 그리고 자신의 실수와 약점을 있는 그대로 보려고 한다. 자신이 부모로서, 인간으로서의 한계와 불완전성을 인정한다. 그러나 미성숙한 부모는 자신의 약점을 자녀에게 들키지 않으려고 '방어'하기에 급급하다. 진실을 숨기고 완전한 것처럼 가장하기도 한다. 성숙한 부모는 부족함을 인정하면서 성장하고 발전하려고 노력하는 부모이다. 이것이 건강함의 증표이다. 미성숙한 부모는 자신의 실수를 인정하지 않고 방어하고 덮으려고만 한다.

성숙한 부모는 성격의 불건강에 대한 균형감각을 신속하게 느끼고 바로잡는다. 자신이 틀렸을 때 자녀를 기만하지 않는다. 은근슬적 옳은 것처럼 넘기지 않는다. "이 점은 엄마가 잘못했어. 다음에는 조심할게" 하고 상황을 정리 정돈 하고 다시 시작하는 능력이 있다. 이렇게 부모가 모범을 보일 때 자녀도 사람과의 관계에서 자신의 실수를 인정하고 다시 시작하는 방법을 알게 된다. 그리고 부모가 먼저 역할 모델링을 보일 때 자녀도 성장하기 쉽다. 자신의 실수한 것은 빨리 잊어야 한다. 오랫동안 맘속에 쌓아 두면 죄책감과 수치심만 쌓여 간다. 실수와 잘못은 되도록 빨리 잊고, 똑같은 실수를 반복해서는 안 된다. 그리고 잘한 일은 알아주고 기념하자. 자신의 자존감과 자부심의 긍정 창고에 잘 저장해 두고 자주 꺼내 본다. 잘한 일을 오래 기억하는 부모는 타인에게도 그렇게 한다. 자녀의 잘한 점을 칭찬해 주고 알아주자. 결국, 사람이란 자기 알아 달라는 건데 그렇지 못하니까 섬처럼 외로운 거다. 권력도, 형제간의 싸움도, 부부싸움도 그렇다. 자기를 알아 달라는 처절한 외침이다.

그런데 건강하지 못한 부모는 이와는 반대로 한다. 자신이 인생에서 실수한 점, 잘못한 점을 반추하며 떠올린다. 자신의 인생 최대의 실수를 떠올리며 괴로워한다. 자기를 보는 방법도 '부정적 작동 모델'로 보며 타인도 마찬가지로 '부정적 작동 모델'을 사용해서 본다. 못난 점, 실수한 점만 잊지 못하고 기억한다. 그래서 온통 불행한 사건만 떠올린다. 문제는 자신이 쓴 안경으로 또 자녀를 부정적으로 평가하고 초점을 맞추는 데 있다.

인간은 자기 자신을 바라보는 시선으로 자녀와 타인을 바라본다. 따라서 엄마가 건강한 시선을 가지고 있으면 자녀도 건강하다. 부모는 자신을 수용하고, 이해하고, 좋아하고, 사랑하는 만큼만 자녀와 타인 역시 수용하고, 이해하고, 좋아하고, 사랑할 수 있는 존재이다. 무엇을 기억하는가에 따라 불행할 수도, 행복할 수도 있는 것이다. 인간의 자아는 '경험 자아'와 '기억 자아' 두 가지가 있다. 똑같은 상실을 경험하더라도 '경험 자아'의 반응은 동일하게 나타나지 않는다. 행복한 사람은 불행을 경험해도 '기억 자아'가 행복 쪽으로 기억을 더해 간다. 불행한 경험도 자기 좋은 쪽으로 해석해서 기억한다. 그러나 불행한 사람은 불행한 경험을 확대해석해서 '기억 자아'에 부정적으로 기록한다. 그러니 모든 일을 필요 이상으로 방어하고 위험 상황으로 해석한다. 모든 사람들은 같은 경험을 해도 '기억 자아'는 모두 다르게 평가한다.

각자의 '기억 자아'는 자신의 불행한 경험, 애매한 경험을 어떻게 할 것인가? 그것은 스스로의 몫이다. 상황이 힘들다 해도 배울 것이 있다면, 고통도 잘 사용하면 성공으로 가는 발판인 것이다. 하나의 실수는 하나의 경험이며 하나의 경험은 하나의 지혜이다. 모든 성공은 장애물 뒤에서 우리가 오기를 기다린다. 장애물은 당신에게만 있는 것이 아니다. 모든 사람에게 있다.

이제부터는 실수한 것은 되돌릴 수 없으니 빨리 잊고, 잘한 점과 옳은 일은 인정해 주자. 먼저 자신에게 미소 짓고 인정해 주자. 그러면 사랑하는 자녀에게도 그렇게 할 수 있게 된다.

성실하고 행복한 사람들은 세 가지 특징이 있다.

첫째, 실수도 발판으로 삼는다. 실수와 실패도 인생의 재료로 사용해서 무언가 의미 있는 것을 만든다.

둘째, 인생 경험을 자신의 삶 속에 반영한다.

셋째, 자신의 장점과 자신에게 있는 것을 주목하고 계발한다.

12 꽃들에게 희망을 주는 사람으로 키우자

역지사지(易地思之)는 배려의 정신이다. 역지사지는 더불어 함께 살아가는 세상에서 꼭 필요한 것으로 타인에 대한 배려이다. 배려를 모르고 다른 사람들을 보려 하지 않는다면 그는 사회에서 '고립'되기 쉽다.

능력이 많다면 성격이 모가 났어도 무시할 수 없는 사람이 되지만, 그는 독불장군이 되기 쉽다. 이런 아이들이 많아지면 사회가 어떻게 될까? 염려가 되고 걱정이 된다. 능력도 많고 성격도 좋은 아이는 많은 사람들에게 영향을 줄 수 있는 희망의 메신저인 '나비'로 훌륭한 사람이 된다. 능력도 없고 거기에 성격마저 모가 났다면 이런 사람은 사회의 복지 혜택에 의존해서 사는 '불쌍한 사람'이 된다. 이에 비해 개인적 능력 개발은 되지 않은 채 성격이 건강하다 보면 이런 아이는 가슴이 발달해 힘도 없으면서 남을 돕는 '안타까운 사람'이 되기 쉽다. 자녀의 능력을 개발해 주면서 성격도 융통성과 유연성 있는 사람으로 성장할 수 있도록 부모가 모델링을 보여야 한다.

그럼 우리 자녀를 과연 어떻게 키워야 하는가?

능력 개발과 인성교육 둘 다에 관심을 기울여야 한다. 한쪽 부모들은 능력(학업 성취) 개발에만 관심을 가지고 인간이 되는 교육적 과제에는 관심이 없다. 또 다른 부모들은 '먼저 인간이 되어야 한다'는 시각으로 능력(학업 성취) 개발에는 관심이 없고 타인과의 관계에만 무게중심을 두게 된다. 한 가지의 문제에 함몰되어 있으면 전체적인 조망 능력, 즉 통합하는 능력이 결여되게 된다. 이제부터 균형감각 가지고 무게의 중심을 잡자. 그래서 인간이 될 수 있는 인성교육, 그리고 자신의 목적을 이루기 위한 능력교육 두 가지를 고려해 보자.

특히 앞으로 사회가 더 복잡해지면서 자녀교육이 지향해야 할 인간교육으로는 타인의 입장에서 이해하고(역지지지易地知之), 처지를 바꾸어 생각하며(역지사지易地思之), 처지를 바꾸어 느끼고(역지감지易地感之), 처지를 바꾸어 행동하는(역지행지易地行之) 사람이 되어야 할 것이다.

타인과의 관계에서 조화를 이루기 위한 열쇠는 4가지 마음과 행동이다. 바로 타인에 대해 이해하고, 생각하고, 느끼고, 행동하는 것이 타인과의 소통을 풀을 수 있는 '관계의 열쇠'이다. 이와 비슷한 내용으로 유네스코 21세기 국제 교육위원회 보고서는 21세기를 준비하는 교육의 원리로서 네 개의 기둥을 제시하고 있다. 알기 위한 학습(learning to know), 행동하기 위한 학습(learning to do), 존재하기 위한 학습 (learning to be), 그리고 함께 살기 위한 학습(learning to together)이며 특히 함께 살기 위한 학습의 원리를 강조하고 있다. 함께 살기 위한 학습과 역지사지는 뜻을 같이 하는 의미라고 볼 수 있다.

자녀에게 능력만을 길러 주기 위해 '경쟁'만을 주입한다면 자녀의 미래를 어떻게 될까?

'선의의 경쟁'은 사회를 성장시킬 수 있지만, 무분별한 경쟁은 서로의 공격성만을 자극하게 되어 살벌한 세상이 되게 한다. 한 사람이 모든 영역에서 다 완벽할 수 없다. 그렇기에 우리는 서로 도와주며 함께 갈 수 있는 '선의의 경쟁'을 할 수 있어야 한다. 선의의 경쟁에서는 원칙 준수가 중요하며, 두 번째는 다양한 가치를 인정할 수 있어야 한다.

사람 유형	능력과 성격 개발
훌륭한 사람	능력과 성격을 노력으로 개발함
무시할 수 없는 사람	능력만 뛰어남(이기적임)
안타까운 사람	성격만 개발함(이타성 뛰어남)
불쌍한 사람	능력 미개발/ 성격 모남

13

박수는 힘이 세다

우리 조상들은 한 살이 될 무렵 자녀의 두뇌를 좋게 하기 위해 손 운동인 '박수법'을 사용했다. 이것은 현대에 와서도 자녀 양육법에서 없어서는 안 될 소중한 자산이다.

손은 '밖으로 나온 뇌로서 많이 사용하면 그만큼 두뇌 발달을 돕는다.' 손을 자극해 주는 것은 하나의 경험이 되어 두뇌의 신경을 만들고 연결되는 '시냅스' 형성을 해 주는 것이다. 이렇게 되면 두뇌가 자극을 받게 되고 두뇌 발달이 이루어진다.

우리 조상들이 자주 놀이 기법으로 사용한 것 네 가지가 있다. 짝짜꿍, 곤지곤지, 잼잼, 도리도리이다. 이 네 가지 놀이에 의미를 두어 박수법으로 이용해 보면 자녀와 재미있는 놀이를 할 수 있다. 짝짜꿍과 도리도리는 빨리 잊고 싶은 일이 있을 때, 되돌이킬 수 없는 실수, 실패 상황에 사로잡혀 있을 때 사용하면 좋다. 자녀가 어떤 대회에 나갔는데, 실수로 목표점에 도달하지 못했다. 그럴 때 '그래 그래 잘 됐군요' 하고 박수를 치면서 격려해 준다. 습관이 될 때까지 엄마와 함께 한다.

요즘 환경은 시각적인 것들로 너무나 넘쳐난다. 정말 보기에 좋고, 먹음직스런, 그럴듯해 보이는 것들에 눈을 빼앗기면 무엇에 몰두해서 사랑의 눈으로 볼 수 있는 힘이 없어지고 집중하기도 어렵다. 그렇기에 이것저것을 두드리다 보면 한 가지도 완성하기가 어렵다. 그래서 옛 속담에도 '열 재주 가진 사람이 한 사람 못 먹여 살린다.'라는 말도 있는 것이다.

자녀의 유아기 시기부터 '곤지곤지' 놀이를 응용해 보자. 검지 손가락으로 손바닥 가운데를 자극하는 놀이로서 아이들의 집중력을 기를 수 있다. '멀티 스태킹'도 좋지만 어느 한 부분에 전문가가 되기 위해서는 집중력 있게 보는 눈을 키워 주어야 한다. 곤지곤지의 의미처럼 무언가 하나에 집중할 수 있는 힘을 기르는 것이 중요하다.

마지막으로 '잼잼'의 의미는 무엇일까? 잼잼의 의미는 바로 무언가를 붙잡을 수 있는 기회를 말한다. 기회를 포착할 수 있는 판단의 힘을 의미한다. 세상은 항상 변한다. 세상은 변하고 있는데 새로운 사태에 혁신적으로 성공하는 사람들은 미래를 새로운 프레임을 가지고 받아들인다. 낡은 시스템과 프레임으로 미래를 조직하는 것이 아니라 새로운 프레임을 가지고 미래를 조직해야 한다. 성공과 실패의 중요한 열쇠는 보이는 대로 보는 사람이 보고 싶은 대로 보는 사람을 이긴다는 것이다.

기회를 포착할 수 있는 힘은 어디에서 오는가? 준비에서 오지만 준비만 하고 있다고 해서 기회를 포착할 수 있는 것도 아니다. 기회를 포착하기 위해서는 '보는 눈'이 있어야 한다. 보는 눈은 그냥 시각적이고 피상적인 것이 아니다. 물질과 상황에 대한 안목이 바로 '보는 눈'이다. 준비와 보는 눈이 있을 때, 바로 기회를 포착해 자기 것으로 만들 수 있는 것이다.

어린 영아들은 세상과 나 사이에 타인과 상황을 관찰하는 인지력이 자라기 시작한다. 보는 눈은 인지력과 많은 관련이 있다. 어린 영아(0~2세)들은 세상을 경험하기 위한 방법으로 자신의 5감각을 사용한다. 지금과 여기의 세계로서 세상을 경험해 나간다. 아직 마음을 사용하는 방법을 모르기 때문에 감각에 의존한다. 그리고 2~7세까지는 전조작기 시기로서 상징적 사고나 직관에 의존하고 물활론적 사고를 한다. 7~11세 시기에는 서열화, 유목화, 탈중심화가 일어나는 시기이다. 11세 이상은 형식적 조작기에 이르는 시기이다. 형식적 조작기 시기에는 강한 이상주의와 가정할 수 있는 능력, 추상적인 개념을 사용할 수 있다. 기회를 포착할 수 있는 능력 준비와 보는 눈은 하루 아침에 길러지지 않는다. 많은 시간의 경험과 돕는 사람(부모와 스승)이 필요하고 오랜 기간 연마해야 가능하다. 보는 눈은 인지 발달처럼 느리게 성장하는 것이며, 인지 발달의 4단계 모두에서 최적의 발달을 이룰 때 가능하다.

무엇을 보는 눈은 지금 여기에 충실하면서도 미래를 향한 이상을 갖고 있어야 하며, 직관적 사고를 하되 가정과 추상 능력의 기초 위에 가능한 것이다.

14 포기란 말은 배추를 셀 때만 쓰는 말이다

윌리엄 어니스트 헨리는 〈정복 불능Invictus〉이라는 시를 인류를 위해 유산으로 남겼다. 특히 자신처럼 운명의 굴레에서 절망하는 사람들에게 남겼다. 〈정복 불능〉은 오롯이 언어의 힘을 느낄 수 있는 시다. 그도 불우한 운명에 고초를 겪은 사람이었다. 결핵 균이 골수로 전이되어 다리를 절단하였다. 요양원에서 이 시를 완성하면서 자신의 영혼을 치유받았다.

나를 감싸고 있는 밤은
온통 칠흑 같은 암흑.
억누를 수 없는 내 영혼에
신들이 무슨일을 벌일지라도 감사한다.

잔인한 환경의 마수에서도

난 움츠리거나 소리놓아 울지 않았다.
내려치는 위험 속에서
내 머리는 피투성이이지만 굽히지 않았다.

분노와 눈물의 이 땅을 넘어
어둠의 공포만이 어렴풋하다.
그리고 오랜 재앙의 세월이 흘러도
나는 두려움에 떨지 않을 것이다.

문이 얼마나 좁은지
아무리 많은 형벌이
날 기다릴지라도 개의치 않겠다.
나는 내 운명의 주인.
내 영혼의 선장.

포기는 배추를 셀 때나 쓰는 말이다. 느리게 가더라고 포기하고 싶지 않다. 필자의 일은 글쓰는 일과 공부하는 일 두 가지이다. 그 동안의 공부가 양적이고, 직선적이고, 계산적이고, 수월성에 근거한 공부였다면 이제는 정독을 하고 싶고 하나를 알더라도 몸에 새기는 실천이 함께하는 공부이고 싶다.

에디슨은 발명왕으로 1,000종이 넘는 발명품을 세상에 내놓았다. 그중 가장 유명한 것은 전구이다. 에디슨은 포기를 모르는 사람이었다. 어느 날, 한 기자가 에디슨에게 찾아왔다. 그리고 이렇게 물었다. "선생님은 전구를 발명해 내는 동안 거의 2,000번이나 실패했다고 하던데요. 어떻게 포기하지 않고 계속할 수 있었나요?" 그 물음에 에디슨은 이렇게 말했다고 한다. "저는 실패한 적이 없습니다. 단지 전구를 만들 수 없는 방법 2,000가지를 알게 되었던 것이지요. 그리고 여러 번 시도했지요."

보통 사람이라면 그렇게 많은 헛수고를 하려 들지 않을 텐데 에디슨을 계속해서 끊임없이 시도하였다. 그가 그렇게 할 수 있게 만든 동력은 무엇이었을까? 자기 자신에 대한 신뢰와 자신감 때문이었을 것이다.

남이 알아주지 않더라도 묵묵히 자신의 길을 갈 수 있는 사람, 남의 시선이나 환경의 어려움에도 자신이 목표한 바에 충실할 수 있는 사람이라면 쉽게 멈추지 않는다. 몹시 힘들고 좌절했더라도 다시 일어날 것이다. 자녀의 착하고 좋은 마음밭에 의지라는 꽃을 심어 주자. 그러면 그 자녀는 자신의 의지로 실패를 딛고 다시 일어날 것이다. 작은 좌절 경험을 통해 일어나는 법을 배우는 것도 좋은 예가 될 수 있다. 마치 예방주사와 같은 효과가 있을 테니까 말이다.

15 스키하라의 삶의 의미

도덕성의 정의는 이렇다. 옳고 그름을 구별하고 이런 구분에 따라 행동하고, 고결한 행동에 대해 자부심을 느끼고 자신의 기준을 위반하는 행동에 대해 죄책감과 수치심을 느끼는 것이다. 일본인 중에서 도덕성을 가지고 용기 있게 실천한 한 사람이 있다. 바로 '스키하라'라는 사람이다. 도덕성은 인지적으로 생각하고, 정서적으로 느끼고, 행동으로 실천할 수 있을 때 그 힘을 발휘하게 된다.

자녀에게 '스키하라'처럼 살라고 용기 있게 말할 수 있는 부모가 몇이나 될까? 그저 시대나 상황에 순응하면서 몸 사리며 살아라를 몸과 행동으로 보이며 살고 있지는 않을까?

여기에서 스키하라의 삶을 살펴보자. 스키하라는 제2차 세계대전이 발발했을 당시 리투아니아 일본 대사관의 직원으로 근무하고 있었다. 유럽이 독일 나치의 손에 넘어가자 나치의 핍박을 피해 유대인들은 리투아니아로 들어왔다. 곧 리투아니아도 독일인들의 손에 넘어가기 며칠 전이었다. 유대인들이 일본 대사관에 물밀듯이 들어와 일본으로 가는 비자를 발급해 줄 것을 요구했다. 스키하라는 본국에 유대인들에게 비자를 발급해 주어도 되는지 급히 전보를 보냈으나, 본국에서는 비자 발급을 허락하지 않았다. 밤새 고민하던 스키하라는 비자 발급을 해 주지 않을 경우 유대인들이 독일 나치에게 학살당할 것을 예견하고 비자 발급을 해 주기로 결심한다.

스키하라의 용기 있는 결정으로 유대인들은 하나의 비자로 가족이 모두 독일 나치의 손아귀로부터 벗어날 수 있었다. 스키하라는 일본의 송환 조치로 떠나는 날까지도 손이 마비될 정도로 비자에 도장을 찍었다. 그리고 기차를 타는 곳까지 따라 나온 비자가 없는 유대인들에게 자신의 도장을 던져 준다. 본국으로 송환된 스키하라는 파직되었고, 평생 여러 직업을 전전하며 가난하고 어렵게 살았다.

나중에 이스라엘이 건국되고 스키하라의 도움으로 살아남은 이스라엘의 국무총리는 스키하라에게 감사 표시를 전하고 큰 상을 준다. 그리고 일본에서도 실추되었던 스키하라의 명예를 다시 일으켜 세워 준다. 2차 세계대전 당시 스키하라는 유대인들을 보고 참을 수 없는 연민을 느꼈다. 유대인의 처지를 보고 인간으로서 같은 유대감을 느끼게 되었다. 그러나 본국에서는 비자 발급을 허락해 주지 않았다. 스키하라는 법과 개인적인 양심 사이에서 고민했다. 어떻게 할 것인가? 그는 가슴이 시키는 일을 했다. 나라의 법을 지켰다면 그의 삶은 승승장구했겠지만, 그는 매일 유대인을 돕지 않았다는 양심의 소리 때문에 괴로웠을 것이다. 그는 '가슴이 시키는 일', 즉 마음의 움직임에 따라 자신의 행동을 결정했다.

자녀들에게 스키하라 이야기를 들려주자. 만일 우리라면 어떻게 할 것인가? 사회에서는 사회계약에 의해 법을 만든다. 그러나 법은 항상 정의를 지향하는가? 아니면 자국의 이익만을 강조하는가? 자국의 이익과 보편적 인권이 충돌할 때 우리는 무엇을 선택할 수 있을까? 참 고민스러운 상황이다. 스키하라처럼 용감하게 행동하라고 말하는 부모가 되었으면 좋겠다. 자신의 선택에 책임을 지며 오랫동안 외로움과 구차함을 인내할 수 있는 스키하라의 대담함이 존경스럽다.

콜버그의 도덕성 발달 이론에 의하면, 도덕성 발달은 크게 3수준으로 나눠지고 다시 세부적으로 6단계의 노정으로 발달한다. 전인습적 도덕성 시기의 규칙은 내면화되지 않고 외부적이다. 단계 1인 전 인습적 도덕성 시기의 규칙은 처벌-복종 지향적이다. 행위의 선과 악은 그 결과에 달려 있다고 본다. 단계 2는 순진한 쾌락주의로서 보상을 얻거나 개인적 목적을 만족시키기 위해 규칙을 따른다. 다음은 3단계와 4단계의 규칙으로 인습적 도덕성 수준이다. 단계 3은 '착한 남아', '착한 여아'를 지향하는 수준으로 도덕적 행동이란 남을 기쁘게 하고 남에게 인정받는 것이다라는 기준을 따르는 것이다. 타인의 시선에 의해 '좋은' 사람으로 생각되게 하는 것이다. 단계 4는 사회질서 유지로서의 도덕성이다. 이 단계의 사람들은 일반화된 타인의 조망들, 법으로 반영된 사회의 의지를 고려한다. 수준 3유형은 단계 5의 후 인습적 도덕성과 단계 6의 개인적 양심 원리의 도덕성으로 나눠진다. 단계 5는 사회계약 지향으로 이 단계의 사람들은 이제 대다수의 의지를 표현하고 인간 복지를 촉진하는 도구로서 법을 본다. 단계 6은 개인적 양심 원리의 도덕성으로 '가장 높은' 도덕 단계에서 자신이 선택한 양심의 원리에 기초하여 옳고 그름을 정의한다.

스키하라는 수준 높은 도덕적 가치가 내면화되었던 사람이다. 그래서 딜레마 상황에 빠져 있을 때 마음의 소리에 따라 행동할 수 있었다. 스키하라는 자신이 선택한 내면화된 자신의 가치를 선택함으로써 인류에게 도덕적, 윤리적 삶의 방향성을 제시했다. 그의 도덕적 선택에 따른 행동은 교육적, 도덕적으로 시사하는 바가 크다.

| 콜버그의 도덕성 발달 단계 |

단계	수준	내용
1단계	전 인습적: 처벌 복종 지향	행위의 선과 악은 결과에 달려 있음
2단계	전 인습적: 순진한 쾌락주의	보상을 얻거나 목적 만족을 위해 규칙 따름
3단계	인습적: 착한 남아, 여아 지향	도덕적 행동이란 타인의 인정을 받는 것
4단계	인습적: 사회질서 유지 도덕성	일반화된 타인의 조망, 사회의 의지 고려
5단계	후 인습적: 사회계약 지향	다수의 의지를 표현하고 인간복지를 촉진하는 도구로서 법을 보는 시각
6단계	후 인습적: 개인적 양심 원리	자신이 선택한 양심의 윤리적 원리에 기초하여 옳고 그름을 정의함

2부

인생의 비전을 이루기 위한 학습 전략을 이해하라

01 경쟁보다 과제에 집중하기

우리나라 속담 중에 "사촌이 땅을 사면 배가 아프다"라는 속담이 있다. 이토록 우리는 주변에 있는 친구나 친지와 뼛속 깊은 경쟁 속에 살아간다. 인생은 마라톤인데, 늘 주변 사람들을 신경 쓰다 보면 정작 내 내면은 공허하다. 슬럼프에 오래 빠져 있을 때 사회적으로 성공한 친구를 만나면 에너지를 받기보다는 자괴감을 느끼게 된다. 왜 그럴까?

우리는 어렸을 때부터 누군가와 비교당하면서 살아왔다. 자신의 진정한 가치를 알아주는 부모가 있으면 좋으련만 부모는 당신의 물리적인 신체를 낳아 주었고, 육체의 영양분을 채워 준 것이지 당신의 사회학적, 교육적인 고유한 가치까지 배려해서 키운 것은 아니다. 물론 현명하고 지혜로운 부모를 만난 사람들도 있다.

어렸을 때부터 누군가를 이겨야만 했고 이긴 후 승자에게 내려지는 파이는 달콤하고 그럴듯했다. 그런데 우리는 모두 타인과 다른 자신만의 강점이 있다. 어떤 사람은 봄에 꽃을 피우기도 하지만 어떤 사람은 가을, 혹은 초겨울에도 꽃을 피운다. 그러므로 너무 실망하지 말자.

옛사람들은 세 가지의 불운에 대해 이야기했다. 가장 불운한 세 가지 일은 첫째가 소년등과이고, 둘째는 부모의 덕으로 출세한 경우이고, 셋째는 총명하고 똑똑한 데다 글까지 잘 쓰는 것이라고 한다. 언뜻 보기에는 불운이 아니라 억세게 운이 좋은 경우 같은데 우리 조상들은 이 세 가지 경우를 왜 불운하다는 시각에서 보고 스스로 경계한 것일까? 본인이 오랜 시간 노력해서 얻은 결과가 아니라면 경계하고 또 경계해야 할 일이라고 본 것이다. 소년등과를 하면 대부분의 경우 교만해지거나 노력을 하지 않는다고 한다. 부모 덕에 출세하면 주변의 분위기상 왕따 당하기 십상이다. 재주가 높은 데다 글마저 잘 쓰면 거칠 것이 없어 혼자서 잘난 척하기 쉬우므로 행동에 제약이 많다는 의미인 것 같다. 우리는 너무나 남과의 경쟁에 관심이 집중되어 있고 자신의 내면을 살필 줄은 모른다. 잘난 사람과 비교하면 괴롭고 못난 사람과 비교하면 교만해지기 십상이다.

주변에 운 좋은 친구들과 비교하지 말고 앞서가는 친구와도 경쟁하지 말고 자기 자신과 경쟁하자. 자신은 남과 다른 고유하고 개성적인 존재이다. 자, 이제부터 과거의 자신과 경쟁하자. 어제보다는 성장한 오늘의 정신적 진보에 관심을 가져 보자.

자신을 다스린 후 남과 경쟁하라.

경쟁한다면 시작부터 남과 경쟁하는 것으로 알지만

그것은 자신을 다스린 후에 있는 일이다.

경쟁을 처음 시작하는 것은 남과의 경쟁이 아니다.

가장 처음 경쟁자는 바로 자신인 것이다.

자신이 자신을 이길 수 있을 때

목표를 세울 수 있는 것이고

또한 그 후에 남과 경쟁할 수 있다.

자신과의 경쟁에서 자신이 이기지 못한다면

다른 사람과 경쟁할 기회조차 없다는 것을 알아야 한다.

경쟁할 기회를 마련하려면

먼저 자신을 이기는 법을 배워야 한다.

자기 자신과 싸우는 일이야말로 가장 힘든 싸움이며

자기 자신을 이기는 일이야말로 가장 값진 승리이다.

- 로가우

02 아이들 두뇌의 특징은 트리플 원리이다

자녀에게는 물고기를 주기보다는 물고기 잡는 법을 가르쳐 주고, 물고기 잡는 법보다는 바다를 열망하는 동기를 심어 주라고 한다. 공부를 할 때는 하나의 정보보다는 공부하는 방법을 가르쳐 주고, 공부하는 방법보다는 인식에 대한 열망을 불어넣어 주라고 한다.

우리의 두뇌는 무엇일까? 우리의 뇌는 머리와 심장과 배꼽 아래 복뇌, 이렇게 세 가지가 있다는 것이 최신 연구 결과들이다. 머리에 뇌가 있다는 것은 이해가 되는데 어떻게 심장과 배꼽 아래에도 뇌가 있을까 하는 의문이 든다. 심장에 각인되는 기억도 있다는 것이다. 신경 생리학 부분에서 앞서가는 의사들은 이 점에 대해 다 이해하고 있다. 머리로만 아는 지식이 아니라 가슴이 시키는 일을 하는 사람들은 어쩌면 심장의 뇌를 움직이는 사람들일 것이다. 그렇다면 복뇌는 무엇인가? 예로부터 우리나라에서는 배짱이 좋은 사람들이 큰 사람이 된다고 하였다. 이 말의 속뜻은 복뇌를 쓰는 사람들은 대부분 성공한다는 뜻이다. 그럼 복뇌를 쓴다는 것은 무엇일까? 세상적인 명예나 권세에 관심이 있는 것보다는 하늘이 내려준 자신의 사명을 묵묵히 감당하며 사는 사람이리라.

우리나라의 백범 김구를 비롯한 넬슨 만델라, 간디, 마틴 루터 킹 등 세기의 리더들은 환경에 굴복당하지 않았다. 잔인한 운명에 굴복하지 않은 사람들이었다. 무엇이 이들을 그토록 강하게 했을까? 우선 그들은 우리가 생각하는 것처럼 완벽하지도 냉정하지도 않은 듯하다. 그들의 자저전을 보면 그들이 얼마나 마음이 여린지, 작은 벌레조차도 죽일 수 없는 연민과 공감력이 뛰어난 것을 볼 수 있다. 세기의 리더들은 고통받는 사람들이 바로 자신이라는 자아 확장력을 가진 듯하다. 그렇기에 핍박받고 소외된 사람들이 당하는 일들을 내 일처럼 발벗고 나섰다. 그들은 하나같이 눈물에 약하다. 그들은 뜨거운 공감력과 불타는 사명감을 가진 사람들이었다. 머리에 있는 뇌보다 가슴의 뇌가 강하고 가슴의 뇌보다 복뇌가 더 강하다.

어떻게 하면 복뇌를 움직여 평생 동기 부여된 뜨거운 열정으로 살아갈 수 있을까? 노래를 부를 때 가슴으로 노래를 부르는 가수가 있는가 하면 복식으로 호흡하며 노래하는 가수도 있다. 복뇌를 사용하는 가수, 복뇌를 사용하는 연극배우, 복뇌를 사용하여 일하는 사람들은 옆사람들이 뭐라 하는 자신의 길을 걸어간다. 개는 짖어도 기차는 자신의 행로를 이탈하는 법이 없다. 자신의 길이 정해진 사람은 웬만한 일에 흔들리지 않는다.

그렇다면, 좋은 뇌를 만들기 위한 방법은 무엇이 있을까? 우선 아이의 두뇌에 세 가지를 세겨 보자. 첫째, 뇌는 남과 나를 구분하지 못한다. 아이의 뇌는 정보와 지식에 열려 있고 더 탄력적이다. 즉, 순수하게 사물을 바라볼 수 있다는 것이다. 이에 비해 어른들은 고정관념과 선입견에 관련된 자신만의 틀이 있다. 우리가 남을 칭찬하거나 흉볼 때도 자녀는 그것을 의식적 혹은 무의식적으로 듣는다. 그런데 남의 단점을 지적하거나 비판하면 기분이 언짢아지는 것을 바로 느낀다. 그렇기 때문에 남의 단점을 지적하고 비판하는 것은 자녀의 뇌에 독이 된다. 비판을 할 때는 그 사람의 나쁜 점을 나의 발전에 비추어 보아야 할 것이다. 그러나 남의 말, 즉 험담을 즐기는 것은 분명 독이다. 진정 그 사람을 위한다면 험담보다는 부드러운 조언이나 직언이 나을 것이다. 둘째 뇌는 긍정과 부정을 인식하지 못한다. '하지 마'라고 잔소리를 하면 더 깊이 뇌에 새겨져 그 금지 행동을 한다. 간단한 실험을 해 보자. 눈을 감고 이 말을 해 보라. "지금부터 절대로 북극에 있은 하얀 곰 생각하지 마" 하면 하얀 곰이 더 쉽고, 더 빠르게 뇌 속에 그림으로 연상되어 접속되는 것을 알 수 있다.

아이들에게 하는 잔소리가 효과가 있으려면 방법을 바꿔야 한다. 왜냐하면 부정적인 것은 부정적인 자아를 만들기 쉽다. 정말 말대로 되기 때문에 될 수 있으면 긍정의 말을 들려주는 것이 좋다. 세 번째는 상상과 현실을 구분하지 못한다는 것이다. 그래서 자신의 뇌를 꿈꾸는 뇌로 만든 사람은 꼭 꿈을 이룬다. 간단한 실험으로 이것을 증명해 볼 수 있다. 눈을 감고 여러분 앞에 레몬이 있다고 상상해 보라. 금방 침이 고인다. 마찬가지로 꿈을 꾸면 방법이 생기고 방법대로 실천하다 보면 꿈대로 현실이 만들어진다.

03 자녀의 학습 능력을 키워 주는 열쇠

자녀가 성격도 좋고 공부도 잘해 주길 바라는 것은 부모들의 다 같은 심정일 것이다. 특히 공부를 잘하기 위해서는 타고난 능력과 지능도 중요하지만 노력과 습관의 힘도 무시하기 어렵다. 학습을 성공적으로 수행하기 위해서는 선천적인 지능도 중요하고(평균 이상) 후천적인 노력도 중요하다. 공부로 성공하기 위해서는 선천적인 지능과 함께 양육 환경의 영향 요인인 노력과 좋은 습관도 필요하다. 인적 환경 요소의 하나인 부모는 더욱 중심 요소가 된다. 자녀들은 좋은 습관이든 나쁜 습관이든 부모로부터 대물림 받는다. 그렇기에 좋은 습관을 물려주면 자녀는 학습과 더욱 친해질 수 있다.

부모의 모든 것이 영향을 미치지만 엄마의 부드럽고 따뜻한 리더십은 자녀의 뇌를 열리게 한다. 그래서 자녀는 부드러운 엄마에게 더 많은 영향을 받는다. 자녀의 학습을 지도하는 엄마라면 다음의 학습 원리를 적용해 보자. 효과의 법칙, 준비성의 법칙, 접근의 법칙, 빈도의 법칙, 개별성의 법칙이다.

자녀가 바람직한 행동과 학습을 할 때 그것이 내면화되고 습관화되어 스스로 하는 것이 가장 최고의 상태이다. 자녀의 뇌는 지금 '성장 진행 중'이다. 스스로 할 수 있게 될 때까지 옆에서 지켜보면서 적절한 타이밍에 알맞은 피드백을 해 주어야 한다. 물론 '외적 강화물'은 '내적 기쁨'보다 장기적 힘이 약하다.

효과의 법칙은 간단히 말해서 강화물과 피드백을 제공해 주는 것이다. 자녀의 바람직한 행동이 습관이 될 수 있도록 하기 위해서 엄마의 선물이나, 칭찬, 미소 등이 꼭 필요하다. 하나의 좋은 습관은 장차 미래의 위대한 건축물의 기초 요소로서 벽돌에 해당한다. 좋은 습관이 시간과 함께 누적되면 건축물은 견고해지며 단단해질 것이다. 효과성의 법칙은 간단히 언급하면 '피드백'의 중요성이다. 자녀가 바람직한 행동을 했을 때 엄마가 심드렁하거나 무관심하다면 자녀의 바람직한 그 행동이 강화되기 어렵다. 그러므로 자주 자주 칭찬으로 보상해 주자.

준비성의 법칙이란 학습에 대한 몸가짐, 마음의 태도와 자세가 갖추어져야 자녀가 주체적이고 능동적인 공부를 할 수 있다는 것을 의미한다.

접근의 법칙이란 학교에서 이루어지는 교과 학습뿐만 아니라 집에서 예습을 준비하고, 복습을 통해 반추해 보고, 시간적·공간적 표상 활동에 접근을 많이 할수록 유사성이 높아져 학습 능력이 높아진다는 것이다.

빈도의 법칙은 연습과 사용의 법칙인데, 학습행동의 반복이 많을수록 학습 효과가 높다는 것이다. 운동선수가 기술을 심화시키기 위해서 같은 행위를 하루에 300번 이상 반복하고, 반복적인 연습을 통해 피아노 연주 실력이 느는 것 등이 빈도의 법칙이 적용되는 예로 볼 수 있다.

개별성의 법칙은 학습자의 개별적인 능력이나 동기 성향에 따라 학습의 효과는 다르게 나타난다는 것을 의미한다.

✠ 스터디 스킬

1. 책을 읽거나 강의를 듣고 중점을 알 수 있는 힘
2. 요점만 간단히 할 수 있는 힘
3. 일어난 상황에 대한 원인과 결과를 아는 힘
4. 일어난 일을 순서대로 나열할 수 있는 힘
5. 복잡한 글이나 강의를 듣고 결론을 내릴 수 있는 힘
6. 자세한 사항을 알아야 할 때 그 세세한 항목까지 읽고 들을 줄 아는 힘
7. 주어진 몇 개의 사실만 갖고도 상상력을 발휘하여 새로운 사실을 아는 힘
8. 비판과 판단을 할 줄 아는 힘
9. 암기 능력의 발달

출처: 서영숙 외(2007). 《방과후 아동 지도론》

04 공간지능의 색채감각을 살리자

어느 눈 내리던 날, 왕비가 흑단으로 만들어진 창가에서 바느질을 하다 바늘에 손가락을 찔렸다. 새하얀 눈 위에 빨간 피가 세 방울 떨어졌다. "눈처럼 하얀 피부, 피처럼 빨간 입술, 흑단처럼 새까만 머리카락을 가진 딸이 있다면……." 여자아이들이 열광하는 백설 공주 이야기는 이렇게 색에 대한 묘사로 시작된다.

동화책을 읽어 줄 때 공간지능을 살려 주기 위해 주의할 점은 무엇이 있을까?

아이의 상상력을 최대한 불러올 수 있도록 형체와 색상이 잘 묘사되어 있는 동화책을 선정하는 것이 좋다. 특히 아이들이 좋아하는 동화책은 그림이 자연색에 가까워 눈의 피로감이 없고 만화보다는 명화적 특성이 있는 그림이 더 좋다. 자녀의 공간지능을 무의식적으로 키워 줄 수 있는 좋은 동화책은 공간지각력과 색채감각, 구성의 조화를 무의식적으로 시각체계에 각인시킬 수 있어 고급 취향을 갖게 한다. 일부 학자들은 색채감은 타고나는 것이라고 말하기도 했다. 그러나 어린 시절 자연의 색을 감상할 기회가 많은 어린이들은 색채감각이 남다르게 탁월할 수 있다. 교육에서는 정상적으로 태어나 지능이 정상 범주이면 얼마든지 노력에 의해 천재가 될 수 있다고 본다. 물론 선발적 교육관을 가지고 있는 교육학자들은 유전과 천성에 더 많은 가치를 두고 있다. 그러나 긍정적인 인간관에 기초한 발달적 교육관을 가지고 있는 교육학자들은 천재성은 타고나는 것이 아니라 한 사람과 주변과의 적절한 상호작용에 의해 만들어진다고 본다. 필자는 당연히 후자의 관점을 갖고 있다. 자녀의 색채감각도 후천적으로 고급스러운 취향으로 만들 수 있다. 자녀에게 시각예술 작품이나 명화들을 많이 대하고 친근하게 놀이처럼 갖고 놀게 해 준다면 그러한 것들을 무의식 속에 좋은 기억으로 저장되어 '접근동기'를 형성하게 된다. 박물관이나 전시회에 가서 직접 체험해 보는 것도 의미 있는 일이지만 책을 통한 간접 체험도 시각체계 발달에 도움이 된다.

왜 색채감각이 중요할까? 색채감각은 심미감과 연결되어 있어 현대사회에서 매우 중요한 역할을 담당하기 때문이다. 꼭 공간지능의 상징체계로 들어가서 활용하는 직업군이 아니더라도 색채감각이 있는 사람은 더 심미감이 높아 작게는 자신의 이미지를 잘 표현하는 이미지 메이킹을 할 수 있기 때문이다. 우리의 생활은 색을 빼놓고는 말할 수 없다. 현대사회는 이미지, 디자인, 스토리 시대이다. 자신의 이미지를 '카멜레온'처럼 변신시킬 수 있는 사람들은 환경에 적응하는 능력이 뛰어나다. 색은 우리 생활에서 응용 범위가 넓고 또 우리 마음을 치유하기도 한다. 그러므로 자녀가 색채를 자기 생활 속에서 잘 사용하고 독립적으로 통제할 수 있는 능력을 길러 주자.

20세기의 중요한 발견은 무엇일까? 인간의 감정이 무엇을 결정할 때 중요하게 작동하는 메커니즘이라는 것을 인식한 것이다. 색이 불러오는 감정을 살펴보자. 우선 빨간색은 정열과 활동성을 의미하고, 주황색은 에너지와 역동성을 불러일으킨다. 파란색은 차분히 생각하게 하며 이지적인 느낌이고, 갈색은 물질적인 욕망을 상징한다. 노란색은 어린 시절로 회귀하고 싶은 마음과 질투를 상징하고, 초록색은 생명을 상징하며 심적으로 쉬고 싶을 때 이 색깔을 선호한다.

요즘에는 어린이들을 신체적으로 배려한 소책자나 낱장으로 되어 있는 명화 그림책이 많이 있다. 이런 명화 그림책이나 교재를 선택해서 자녀에게 보여 주자. 아이들은 그 그림들을 보면서 상상의 나래를 펼치며 오랫동안 그림 속 주인공과 대화를 할 것이다. 동서양의 명화가 우리 아이들의 정신세계로 들어올 것이다. 우리 아이들의 눈은 시간을 거슬러 작가가 그린 공간 속에서 주인공과 함께 상상 속 '비밀의 정원'의 마법사 '해리'처럼 반짝반짝 빛날 것이다. 명화는 아이의 상상력과 환타지 세계를 열어 주는 좋은 매개체이다. 또한 공간지능을 높여 주는 좋은 도구이다. 상상력과 공간지능을 높여 주는 지혜로운 엄마가 되는 방법은 이처럼 간단하고 쉽다.

05 닛타 태교와 그 이후 성취와의 상관관계

유대인들의 자녀들은 과성취자들이며 자신의 영역에서 두각을 나타내는 창조성을 발휘한다. 유대인들의 자녀가 그렇게 똑똑한 이유는 무엇일까? 그것은 선천적으로 결정되는 천성인가? 아니면 후천적인 양육에 기인하는가?

여기에 대한 답은 두 가지 다 관심을 가지는 그들만의 특별한 자녀 양육 비법에 있다. 그들이 도덕성 교육과 이야기 교육을 중점적으로 하는 것은 잘 알려져 있는 사실이다. 그러나 여기에 한 가지 더 중요한 사실이 있다. 그들은 '닛타 태교'를 한다. 닛타 태교라는 것은 신체적, 정신적, 영적으로 경건한 자녀를 얻고자 하는 바람으로 부부가 2주 동안 금욕 생활을 한 후 합방함으로써 임신에 이르는 방법이다.

'닛다 태교'는 그 효과가 과학적으로 증명된다. 실제로 남자가 성관계를 자주 하다 보면 정자는 완전하지 못한 미성숙한 정자들이 배출될 확률이 더해진다고 한다. 유전적으로 건강하지 못한 정자에 의한 수정은 열성 유전병들이 발현될 관련성이 높다. 예를 들면 당뇨병, 혈우병, 색맹 등이다. 유전적으로 건강한 정자를 만들기 위해서는 아빠의 생식체계가 충분히 재생산할 시간적 여유가 필요하다. 쾌락만 추구하는 성관계보다는 생명 탄생의 거룩한 성을 염두에 둔 것이 바로 '닛다 태교'인 것이다.

닛다 태교는 준비되고 계획된 임신으로서 부모 됨을 생각해 볼 수 있는 차원이 높은 태교라 할수 있다. 닛타 태교로 잉태된 태아는 건강한 유전자를 가지고 출발할 수 있는 가능성이 높아진다. 이렇게 건강하게 태어난 아이들은 저체중아나 조산아나 유전병을 가진 아이들에 비해 환경에서 건강하게 적응해 간다. 닛타 태교로 건강하게 태어난 모든 아이의 두뇌는 거의 천재에 가깝다. 평균 이상의 지능을 가진 아이를 계속해서 학습에 대한 지속적인 동기체계로 연결해 주면 어떤 성취도 가능하게 된다. 건강한 아이를 만드는 출발점은 건강한 수정에서 출발된다. 이것에 중요한 영향을 주는 확실한 비법은 '닛다 태교'인 것이다. 자녀가 태어난 후의 몇 년 동안의 교육보다 효과적인 것이 열 달 동안 어머니의 마음이고, 열 달 동안의 어머니 마음보다 하룻밤 동안의 아버지 마음이 더 중요하다. 생명에 대한 경외심과 아내에 대한 사랑의 마음으로 잉태된 아이와 쾌락의 소산물로 어쩌다 임신된 아이가 어떻게 같을 수 있겠는가?

자, 우리나라의 태교를 생각해 보자. 우리나라의 전통적인 명문가에서는 유대인들과 마찬가지로 태교에 관심이 많았다. 임신한 여성의 신체적 영양, 정서적 상태 그리고 연령을 고려한 부모교육을 한 셈이었다. 우리 조상들은 직관적으로 태아에게 미칠 영양상태를 고려하고 어머니의 상태가 태아에게 어떻게 영향을 줄지도 이해하고 있었던 것이다. 과학적으로도 증명되고 있는 사실이다. 이런 양반가의 태교는 우리의 아름다운 문화로 정착되어야 할 것이다.

그런데 요즘 젊은이들은 부모가 되는 것을 원치 않을 뿐만 아니라, 계획된 임신보다는 어쩌다 보니 임신하고, 술에 취해 실수로 잠자리를 한 것이 그만 임신이 되었다는 웃지못할 이야기를 듣게 된다. 부모 됨에 대한 자세한 교육도 없고, 부모교육도 하지 않으니 점점 더 생명에 대한 존중심도 사그러들게 된다. 수정부터 출산의 과정은 신비롭고도 경외심을 갖고 지켜봐야 할 일생 일대의 중요한 사건이다. 이로부터 한 사람은 부모가 되어 가고 또 '받는 사랑'에서 '주는 사랑'으로 넘어가게 되는 것이다. '받는 사랑'에 익숙했던 자아가 '주는 사랑'의 고귀함으로 넘어가는 인생의 결정적인 순간은 바로 임신 제1기 '수정'부터인 것이다. 육체적으로 어른이 되는 것은 너무나 쉽다. 그러나 정신적으로 어른이 되는 것은 힘들다. 진정한 어른, 진정한 부모가 된다는 것은 주는 사랑에 익숙해지는 것이다. 엄마가 되기는 쉽지만 성숙한 엄마가 되기는 힘들다.

06 자녀의 학습 단계를 높여라

아이들은 지각에 의해 학습을 하기 시작한다. 아이들이 학습을 시작할 때 내적 동기에 의한 학습을 하면 높은 창의적 학습자가 되기 쉽지만, 외적 동기에 의해 학습을 하면 스스로 즐기는 자발적인 학습은 이루어지지 않으며 시험에 충실한 '시험의 노예'가 되기 쉽다. 어떻게 하면 학습에 지속적인 열정을 가지고 공부하게 할 수 있을까?

지식에 대한 열망의 마음과 어려움에 처한 사람들을 도와줄 수 있는 따뜻한 마음을 갖게 하는 것이 학습에 대한 지속적인 관심을 유도할 수 있다. 우리는 혼자서 살아가는 존재가 아니다. 사회적으로 인정받고 이타적으로 봉사할 때 그 사람의 가치는 높아진다.

학습자들의 단계를 알아보자. 학습에는 4단계가 존재한다. 학습자는 한 단계 한 단계 올라갈 수도 있지만 한 학습자는 여러 단계를 왔다 갔다 하기도 한다.

우선 지식의 처음 단계의 학습자들은 은행처럼 지식과 정보를 축적하고 저장한다. 이 과정에서는 스승의 지식을 왕성하게 흡수한다. 이 단계에서는 비판적이고 창의적인 아이디어가 나오기는 어렵다. 왜냐하면 창의적인 아이디어나 혁신적인 생각은 대부분 기초지식과 배경지식을 기반으로 생성되기 때문이다.

두 번째 단계는 '초보적 인지자' 단계이다. 이 단계의 학습자들은 모든 지식은 '의견이다'라는 관점으로 자신의 감정에 기인한 판단을 하게 된다. 예를 들면 시험에서 자신이 서술한 답이 점수가 낮게 나온다면 '교수님은 내 의견을 찬성하지 않는군' 하는 식으로 결론을 내리는 것이다.

세 번째 단계는 '외적 인지자'로서 학문적으로 게임하는 법을 터득한 학습자이다. 이들은 선생님이 학업성취도를 판단하는 기준이 존재한다는 것을 알고 이 규칙에 맞게 시험을 치른다. 결과적으로 이들은 높은 점수를 받는 방법과 기술을 잘 익힌다. 우리나라 학생들은 거의 이 수준까지는 잘 올라간다. 그러나 그 이후가 불투명하거나 그 자리에서 만족한다. 그들은 학습을 즐길 줄을 모른다.

네 번째 단계는 '내적 인지자'로서 이들은 독립적이고, 비판적이고, 창의적인 사고를 하기에 이른다. 이들은 자신의 경험과 지식을 높여서 계속해서 수정하고 통합해 자신만의 이론적 세계를 만드는 것이다. 자신만의 '이동용 소우주'를 소유한 사람이다. 이들은 같은 현상을 보고 있지만 자신의 전공적인 지식으로 전혀 다른 해석을 한다. 같은 사과를 보아도 농부, 요리사, 미술작가, 과학자는 다르게 해석한다. 사과라는 사물을 인지하는 사람들은 사과에 대해 전혀 다른 세계관을 가지고 이해한다. 사람들은 사과를 볼 때 전이해 방식을 근거로 마음의 눈으로 접근한다. 사과를 볼 때 농부는 부사냐 홍옥

이냐로 볼 것이며, 요리사는 사과로 어떤 요리를 할 것인가로 접근할 것이며, 미술작가는 사과가 발하는 빨간 빛을 볼 것이며, 과학자는 뉴턴의 사과를 떠올릴 것이다. 같은 물체를 보지만 전이해 방식에 근거한 사고를 하는 것이다. 자신이 구성한 세계에 의해 그것을 보는 것이다. 인간의 지식체계는 단순한 호기심과 지각에 의해 출발하지만 자신의 세계관을 결정하는 중요한 근거로서 무엇을 볼 것인가는 다분히 자신의 지적 용량에 의해서만 보이는 것이다. 아는 만큼 보이고, 느끼는 만큼 보인다.

공부할 때 삼매경에 빠지고, 몰입해 본 사람은 내적 만족을 경험한 사람이다. 외부적 조건이 아무리 어렵고 힘들다 할지라도, 이런 사람은 공부하는 사람이다. 외부적 환경보다 중요한 것이 내적인 마음 상태이다. 동기 부여가 되어 있는 사람은 독립적으로 외부적 환경을 만들어 가는 사람이다.

07 명화와 시각의 발달

자녀의 시각은 어떻게 발달할까? 신생아의 감각 능력 중에서 가장 늦게 발달하는 것이 바로 시각이다. 어린 신생아들은 미세한 색깔 차이는 구별할 수 없지만, 약간 어두운 색깔과 기본 색, 붉은색, 녹색, 푸른색과 노란색은 범주화시킬 수 있다. 영아들에게는 모든 물체가 흐릿하게 보인다. 영아들 눈의 렌즈는 초점을 모아 주는 능력이 성숙되지 않아서 모든 물체가 흐릿하게 보인다. 생후 12개월이 되어야 어른만큼 잘 보게 된다. 그래서 영아들에게는 시각적으로 미성숙한 점을 고려하여 시각자극을 주면 좋다. 영아들은 잘 볼 수 있는 형태라면 보는 것을 좋아하고 관심을 보인다. 시각 자극으로 좋은 그림은 어떤 것일까?

3가지 특징이 있는 것이 좋다. 우선 적절히 복잡한 것이 좋다. 단순한 면보다는 형태를 갖고 있는 것이 좋다. 예를 들면 신문지를 보여 주는 것보다 형태가 있는 동그라미, 세모, 네모나 사람의 얼굴을 보여 주는 것이 좋다. 두 번째는 높은 대조를 이루는 것이 좋다. 흰색과 검은색 등 분명한 구별이 있는 것이 좋다. 세 번째는 움직이면서 주의를 끄는 형태를 선호한다. 엄마는 자녀에게 의미 있는 대상이다. 자녀의 시각에 좋은 자극이 될 수 있는 밝고 선명한 옷을 입는 것이 효과적이다.

자녀에게 일찍 '명화'를 보여 주면 어떤 점이 좋을까? 명화는 오랜 세월 동안 사람들이 체험적으로 심미적 상상력을 불러일으킬 수 있는 효과적인 매개체로 검증된 것이다. 명화는 자녀의 미적 감수성과 공간지능, 시각중추를 활성화시킨다. 명화를 볼 때마다 시각 자극의 경험으로 후두엽 시각중추의 뉴런에 영향을 미치게 된다.

일찍부터 명화를 '도트 카드'처럼 제목을 말하며 빠르게 반복적으로 보여 주자. 청각에 자극을 줄 수 있는 음악을 들으면서 놀이하면 시청각이 통합되어 두뇌 발달을 더 자극해 준다.

명화는 화가들이 이차원적 표면에 삼차원의 환상을 만든 것이다. 환상을 만들기 위해서 화가들은 회화적 기법을 사용한다. 회화적 기법은 다섯 가지로 '직선 조망, 표면의 결, 크기 단서, 중첩, 음영'이다. 직선 조망은 대상이 지평선 뒤로 물러 갈 때 한곳으로 모아지게 되는 것이다. 화가는 그림에서 표면의 결로 가까운 것과 먼 것에 대비하여 표현하는데, 가까운 것은 표면을 섬세하게 그린다. 크기 단서는 가까운 대상을 크게 그리고 먼 대상은 작게 그리는 것이다. 중첩의 기법은 앞에 있는 대상물을 뒤에 가려진 대상물보다 더 가까이 크게 그리는 것을 말한다. 음영은 깊이에 대한 인상으로 대상물의 표면 밝기를 변화시키는 것이라고 볼 수 있다.

자녀에게 명화를 자주 보여 줌으로써 자녀의 공간에 대한 지각 능력과 시각적 잠재력을 극대화할 수 있는 계기가 되는 것이다. 명화는 삼차원 공간에 대한 지각적 힘을 키워 줄 수 있는 좋은 교육 매개체이다.

명화를 자주 보게 되면 깊이와 거리에 대해 그만큼 자주 생각해 볼 수 있다. 자녀가 영아기부터 깊이를 탐지할 수 있다면 그들의 공간 세계는 삼차원으로 확장될 것이다. 크기와 공간 관계에 대해 정확한 추론을 할 수 있다면 자녀의 공간지능은 높아지게 될 것이다. 또한 걸음마기에 운동감각이 뛰어난 아이들은 깊이 지각을 더 먼저 깨달을 것이다. 그래서 위험스러운 높은 곳은 간접적인 시각 경험을 통해서 피해 갈 것이다. 따라서 공간에 대한 지각 능력이 빠를수록 안전에 대처하는 방법도 생겨나게 된다. 아이들의 시각 능력은 생활 전반에 영향을 미친다. 공간지능이 높은 자녀는 깊이 지각을 먼저 깨닫게 되어서 위험한 곳을 인식하고 위험에 대처하는 능력 습득이 빠를 수 있다.

08 공부의 최종 종착역 '글쓰기'

필자가 공부하면서 가장 힘들게 얻고 그러면서도 마음속에서 가장 간절히 원하는 것이 있다면 바로 '글쓰기'이다. 필자가 멘토로 존경하는 고미숙 박사도 공부의 최종 심급은 글쓰기에 있다고 하였다. 글쓰기 능력은 공부의 최종 종착역이며, 학문세계의 출발선이다.

쓰기 불안이 있었던 필자에게 '글쓰기'는 어려운 도전이었다. 과연 내가 글쓰기를 할 수 있을까? 글에 대한 자신감이 없어서 늘 불안했다. 원인을 생각해 보니 석사논문을 쓸 때 부족한 글에 대해 여러 번 지적을 받다 보니 그렇게 된 것 같다. 교수님들은 아끼는 제자의 성장을 위해 그렇게 하셨는데, 필자는 기가 많이 죽었다. 지적하시는 교수님 말씀이 어찌나 서운하던지 화장실에 가서 서럽게 울기도 했다. 그 당시의 교수님의 지적이 없었다면 필자의 글쓰기는 진보하지 않았을 것이다. 필자의 글쓰기의 문제점은 감성의 크기는 큰데 이것에 비해 논리적 연결성이 부족했다. 공부를 하다 보니 어느 정도 부족한 부분이 메꿔진 것 같다. 사랑하는 우리 자녀들이 글쓰기를 회피자극이 아닌 접근자극으로 받아들여 즐길 수 있게 하려면 어떻게 해야 할까? 필자의 경험에 비추어 볼 때 자녀의 성격이나 기질로 접근하면 좋을 것 같다.

기질은 잘 변하지 않는다. 정치적 성향이나 음식에 대한 기호는 기질에 비해 자주 변하고 바뀐다. 기질은 돼지 꼬리로 비유될 수 있다. 돌돌 말린 돼지 꼬리를 곧게 펴서 핀으로 고정시켜 놓아도 그 후에 핀을 빼면 다시 처음처럼 도르르 말린다고 한다. 우선 내 아이 기질이 외향적이냐 내향적인가를 볼 필요가 있다. 내향적인 아이들은 혼자 있어도 내부에서 에너지가 솟아나는 기질이다. 외부의 에너지가 덜 필요한 것이다. 혼자 있어도 이 아이들은 힘을 얻을 수 있고 혼자만의 세계를 더 선호한다. 내향적인 아이들은 글쓰기로 바로 직진할 수 있다. 내향적인 아이들은 글쓰기를 통해 자신의 세계를 공고히 할 수 있는 계기가 된다. 외향적인 아이들은 스스로 에너지를 일으킬 수 없으므로 내적 에너지가 스스로 고이기 힘든 유형이다. 그래서 외향적인 아이들은 환경 자극을 통해 자신의 정신적 각성 수준을 높인다. 외향적인 아이들은 혼자 있으면 다운되고 각성 수준이 낮아진다. 외향적인 아이들은 활동 수준을 높이고 외부 자극을 통해 내적 에너지를 채워야 한다. 외향적인 아이들은 바로 글쓰기로 직진하기는 어렵다. 글을 쓸 수 있도록 동기를 부여해 주는 것이 좋다. 예를 들면, 주제가 정해져 있는 발표를 해야 하는 계획을 세운다. 꼭 공식적인 행사에만 참여하는 것이 아니라 작은 발표회를 이용해 보자. 가족, 친척, 어머니 모임 등을 이용해서 발표를 해 본다. 발표할 원고를 직접 쓰게 하는 것은 부담이 되므로 자연스럽게 발표를 하다 보면 암송한 지식이 쌓이고 이것을 기본으로 하여 자기 느낌을 3~5줄 언급하라고 하는 것이 좋다. 외향적인 아이들은 깊이 생각한 다음 말하는 것이 아니라 먼저 말한 다음에 생각하는 경향이 있다. 반대로 내향적인 아이들은 생각한 다음 말을 한다. 이러한 기질 특성 때문에 내향적인 아이들은 글쓰기에 더 먼저 접근할 수 있다. 어느 기질이 더 좋은 것이 아니라 기질의 특성이 있을 뿐이다. 어느 기질이든 자녀가 장점을 잘 발휘할 수 있도록 동기를 부여해 주는 엄마의 지혜가 필요하다.

필자는 외향적이라서 글쓰기보다 강의를 먼저 했다. 강의를 할 때 내향적인 사람은 원고를 쓰고 그대로 강의를 한다. 그러나 필자는 강의의 뼈대만 외우고 내부의 근육과 살은 스스로 소화하여 발표한다. 그래서 강의를 몇 년 하다 보니 그 강의한 내용들의 통합 작용으로 글을 쓸 수 있었다. 처음 강의할 때는 유감스럽게도 정보와 지식이 통합되지 않고 정보와 지식들이 분리되어 나타난다. 이것은 필자뿐 아니라 모든 가르치는 초보자에게 일어나는 현상이다. 통합을 이루고 싶다면 기초 지식을 외우고, 전문 분야를 심층적으로 공부해야 한다. 자녀에게 글쓰기를 전수하고 싶다면 어머니가 먼저 변화해야 한다. 그것이 어렵다면, 최소한 좋은 선생님을 만나게 해 주는 것이 중요하다.

> 모든 공부가 귀화하는 최종 심급, 그것은 바로 글쓰기다. 독서가 힘들다지만, 글쓰기는 그것과 또 차원이 다르다. 심할 경우, 산고에 비유될 만큼 힘들고 고통스럽다. 물론 그 열매는 달다.
>
> 출처: 고미숙(2007). 《호모쿵푸스》

09 창의적 환경을 조성하자

창의적인 자녀로 만드는 비결이 있을까? 창의적 자녀가 되기 위해서는 우선 평균 이상의 지능이 형성되어 있어야 한다. 여기서 평균 이상이라 함은 IQ가 100 이상은 되어야 한다는 것이다.

창의성이란 무엇일까? 사회가 필요로 하는 의미 있는 유형·무형의 성과물을 만들어 낼 수 있는 능력이다. 창의적인 인재가 만든 성과물에 의해 사회와 국가가 발전하고 일자리를 창출하게 되거나, 인간을 위한 더 좋은 세계가 만들어진다. 자녀를 창의적인 과학자, 문학가 등으로 만들기 위해서는 간단히 말해서 성격적인 면, 지적 특성, 동기, 지원적 환경이 잘 구성되어 있어야 한다.

창의적인 자녀의 성격 특성은 무엇일까? 위험에 대한 탄력성이 높고 도전적이라는 것이다. 또한 미래의 불확실성과 모호함을 보통 아이들보다 잘 견뎌 내고, 군중의 시선보다는 자기 확신에 의해 결단하고 결정하는 경향성이 높다. 지적 특성은 어떤 문제에 대해 새롭고 참신한 아이디어를 제공하거나 만들기를 좋아하며, 그 가치가 추구할 만하다고 생각되면 오랜 시간 집중한다. 또한 그 가치를 이웃이나 사회에 팔 수 있다. 또한 창의적 능력이 있고 언어적인 상호작용 능력이 뛰어나다면 자신이 만든 성과물을 자신이 사는 공간에서 당대에 유명 상품으로 만든다. 동기 자원으로는 일 자체에 초점을 맞추는 경향이 높고 외적인 돈보다는 자신의 일을 열정적으로 즐긴다.

창의성이 높은 자녀는 자신이 좋아하는 과목에 집중하여 공부를 즐긴다. 옛날 공자님의 말씀을 새겨 음미해 보자. 어떠한 일을 하거나 학문을 할 때는 이러한 자세가 되어야 성공할 가능성이 높아지는 것이다. 바로 '지지자불여호지자知之者不如好之者 호지자불여락지자好之者不如樂之者'가 그것이다. 아는 사람보다는 좋아하는 사람이 낫고 좋아하는 사람보다는 그 일을 즐기는 사람이 낫다는 것이다. 마지막으로, 총명한 자녀를 낳았고 가정환경이 지원적이라면 자녀의 창의성은 꽃피고 열매 맺기가 더 쉬워진다. 어머니의 안목과 사랑으로 자녀에게 관심을 갖다 보면 자녀의 창의성이 보이는 영역을 발견하게 된다. 그 영역을 인식하고 좋은 선생님이나 멘토를 연결시켜 주고 정서적, 경제적으로 후원하게 되면 자녀의 창의성이 발휘되는 발판이 되는 것이다.

재미있는 이야기를 해 보자. 요즘 미술 작품으로서 세계적으로 가장 비싼 가격에 팔리는 미술품 가운데 하나가 고흐의 작품이다. 고흐는 500여 작품을 그렸는데, 그가 살아 있을 때 팔린 작품은 단 한 작품뿐이라고 한다. 이 불우한 천재는 그의 성격 특성 때문에 자기 작품을 팔지 못했던 것이다. 고흐는 당대에 유행하던 화풍과는 달리 새로운 관점으로 접근해서 그림을 그렸다. 그 당시의 그림으로서는 파격적인 시도였다. 자신의 감정이 반영된 그림을 그린 것이다. 그는 추구할 만하다고 결정한 자신이 선택한 가치를 끝까지 매진했다. 이에 비해 피카소는 자신의 작품을 잘 광고했고 비평가들의 나쁜 말을 되받아칠 수 있는 자신감도 가지고 있었기에 살아서 영광을 본 것이다.

우리나라에 창의적인 자녀들이 많이 배출된다면, 국가와 사회의 발전은 지속 가능할 것이다. 대중가요의 흐름과 판도를 바꿔 놓은 가수 싸이와 같은 창의적인 인물이 각 영역에서 100명만 배출된다면 한국의 미래는 얼마나 변할까? 그 위상은 실로 대단할 것이다.

여자는 약하나 어머니는 위대하다. 어머니들이여 클레오파트라만 되려 하지 말고, 훌륭한 어머니인 신사임당이나 마리아를 닮아 가도록 노력하자.

● 문제 1 : 다음 그림에서 당신은 몇 개의 정사각형을 찾을 수 있는가?

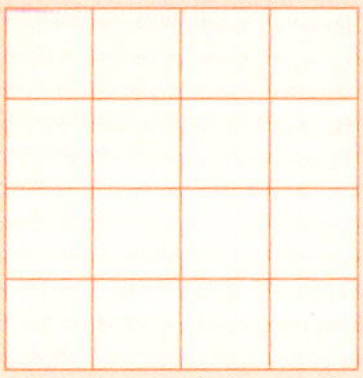

➜ 정답: 30개

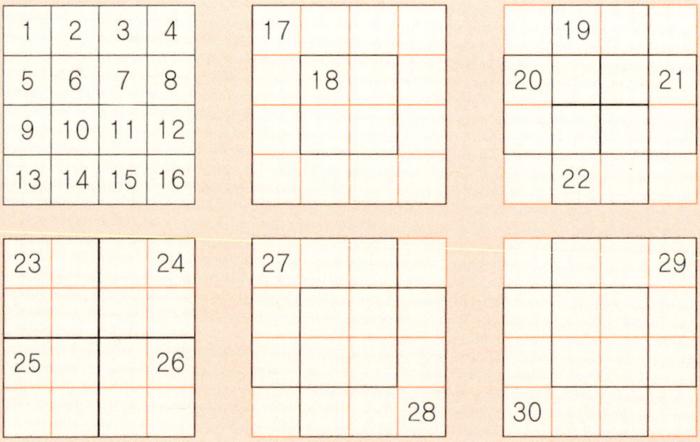

출처: 지그 지글라의 《정상에서 만납시다》

● 문제 2: 여기에 양초, 성냥, 상자, 압정이 있다. 다음 재료를 사용해서 책상 위에 올려놓는 평범한 방법이 아닌 새롭고 참신한 방법으로 양초를 사용할 수 있는 방법을 찾으시오?

➜ 정답의 예 : 성냥으로 양초에 불을 붙인 후 촛농을 녹여 양초를 상자에 접착시킨 후 압정으로 상자를 벽면에 고정한다.

10 창의성 문제 (새로운 아이디어 장려하기)

문제를 해결할 때 기존의 관점과 방법이 아닌 참신한 아이디어를 발휘해서 사람들에게 그 가치를 팔 수 있고, 그 창의적인 일을 평생을 통해 추구할 수 있다면 그 사람은 성공한 사람이요 행복한 사람일 것이다.

요즘 창의성이 교육에서 주요 이슈요 화두이다. 창의성 있는 인재는 수만 명의 일자리를 창출하고 지속 가능한 국가 발전의 원동력이다. 그렇기에 교육에서 창의성은 정말 무한한 가치를 생성하는 화수분이다.

자녀의 창의성을 자극하는 일에 고민하는 엄마야말로 자녀의 미래를 준비하는 지혜로운 엄마이다. 필자도 창의성으로 고민을 많이 한다. 창의성은 어떤 직업 영역에서도 정말 필요하다. 아이들이 좋아하는 자장면에서도 창의성은 반짝반짝 빛난다. 중국집이라고 다 같은 중국집이 아니다. 간판부터 종업원의 서비스 질, 요리사의 솜씨,

음식의 데코레이션까지 주인장의 창의성과 심미감이 그대로 배어 나오기 마련이다. 창의성과 심미감은 밀접하게 연관되어 있다. 우리나라 속담에 이왕이면 다홍 치마라 하지 않던가? 아무리 참신하고 기발한 아이디어가 번뜩여도 미적인 아름다움이 없다면 마음이 움직이지 않는다. 인간인 이상 예쁘고 아름다운 것을 추구한다. 더구나 우리나라가 먹고살 만해지니 사람들이 미적인 안목이 더 상승되었다. 그래서 심미적 욕구에 의해 먹고, 자고, 움직이게 된다. 아브라암 머슬로우라는 심리학자는 인간의 욕구는 위계적이라고 말한다. 생리적 욕구 위에 안전 욕구, 안전 욕구 위에 소속감 욕구, 소속감 욕구 위에 자존심 욕구, 자존심 욕구 위에 지적 욕구, 지적 욕구 위에 심미적 욕구가 있다는 것이다. 그리고 심미적 욕구 위에는 자아실현 욕구가 있다. 우리나라 사람들은 손재주가 좋을 뿐 아니라 색채감각도 있어서 이왕이면 보기에 예쁜 것을 먹으려고 하는 것이다.

같은 자장면을 파는 식당이라도 주인의 미적 안목과 맛에 대한 취향 등이 각기 다르게 드러나기 마련이다. 우리 가족이 애용하는 중국집이 있는데, 그곳은 다른 중국집보다 자장면 가격이 2,000원 더 비싸지만 클로렐라를 넣은 초록색 면에 고명으로 메추리알을 얹어 준다는 특징이 있다. 먹으면 왠지 건강해질 것 같은 느낌의 초록색 면은 실제로 변비 치료에 효과가 있다고 한다. 식사 후에는 느끼함을 제거해 주는 중국의 전통차인 재스민 차가 나오고, 식당 분위기는 중국식 랜턴과 웨이트리스의 차이니스 스타일의 옷으로 중국적인 분위기를 풍긴다. 약간의 서비스와 창의적인 모방으로 잠시 동안 중국에 온 듯한 기분을 느끼게 한다. 주인이 분명 창의적인 사람인 것 같다. 창의성이라는 것은 별나라에서 온 특별한 사람들만의 소유물이 아니다. 보통 엄마도 조금만 노력하면 얼마든지 창의적인 자녀로 변화시킬 수 있다.

다음 페이지에 제시해 놓은 그림을 보면서 세 문제를 풀어 보자.

첫 번째 그림을 보고 대부분의 사람들은 탁자와 의자 또는 탁자에 물건이 있는 모습으로 유추하기 쉽다. 그러나 자신만의 독특하고 새로운 아이디어를 가진 사람들은 특별하고 신선한 생각을 많이 하기 때문에 대답이 엉뚱하게 들릴 수도 있다. 발가락이라고 대답할 수도 있고 자신의 독특한 아이디어와 느낌을 반영한 대답을 한다.

두 번째 그림을 보고는 보통의 사람들은 꽃이라고 대답하기 쉽다. 그러나 창의적인 아이디어를 가진 사람이라면 자신의 경험을 녹여서 표현해 볼 수 있을 것이다. 자신의 생각을 독특하고 신선하게 표현하며 확신을 가지고 자신 있게 대답할 것이다. 여러 조각으로 파열하는 롤리팝(lollipop)과 같이 개성 있는 대답을 할 가능성이 높다.

세 번째 그림을 보고 보통 사람들은 두 개의 무덤이나 이글루라고 하기 쉽다. 그러나 창의적인 사람들은 날아가는 양탄자 위의 건초더미와 같이 독창성 있는 답을 할 가능성이 높다.

창의성 있는 대답의 정답은 없다. 다만 창의성은 보통 이상의 지능과 보통 이상의 학업 성취를 바탕으로 수렴적 사고보다는 발산적인 사고에 가깝다.

- 수렴적 사고: 이미 알려진 정답을 지향하는 사고
- 발산적 사고: 산출된 반응의 수와 반응의 다양성, 반응의 신기함 세 성분으로 구성된 사고

(A)

- **보통의:** 물체가 위에 놓여 있는 탁자
- **독특한:** 발과 발가락

(B)

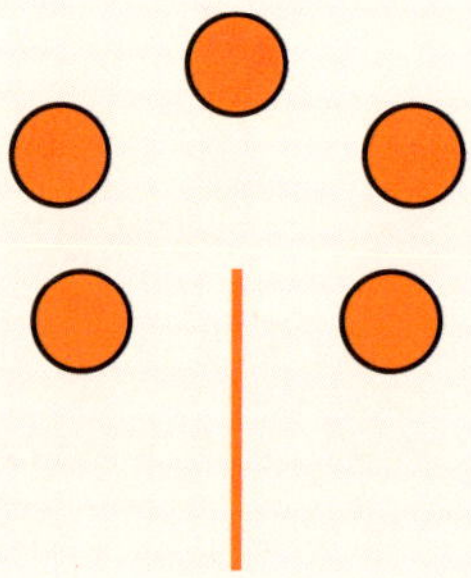

- **보통의:** 꽃
- **독특한:** 여러 조각으로 파열하는 롤리팝(lollipop)

(C)

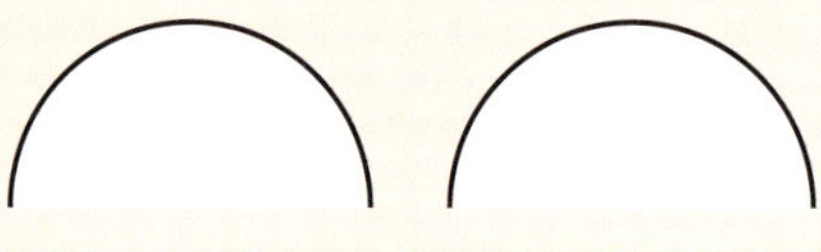

- **보통의:** 두 개의 이글루
- **독특한:** 날아가는 양탄자 위에 놓인 두 개의 건초가리

* 당신은 창의적으로 생각하고 반응하는가? 무엇인지 답해 보라.

출처: 송길연 외 역(2000). 《발달심리학》

11 영어 학습의 출발은 '접근 동기'로 접근하라

'자연스럽게'는 공짜처럼 보이지만, 그렇게 되게 하려면 자신을 몽땅 내어 주어야 한다. '자연스럽게'는 익숙하게 하는 것처럼 보이지만, 그렇게 되게 하려면 많은 훈련으로 자신을 단련해야 한다. '자연스럽게'는 너무 쉬워 보이지만, 그렇게 되게 하려면 뇌에 새기는 암묵적 반복을 거듭해야만 한다.

김연아 선수가 보여 주는 빙판 위에서의 아름다운 회전은 하루 아침에 이루어진 것이 아니다. 만 시간의 법칙과 피눈물 나는 연습의 대가인 것이다. 그러나 우리는 너무도 쉽게 그 영광만을 부러워한다. 과정은 무시한 채 결과만을 부러워한다.

영어도 마찬가지이다. 텔레비전에서 보는 동시통역사는 자연스럽게 영어로 질문하고 외국 사람의 말을 자연스럽게 해석해서 말해 준다. 그렇게 되기까지 얼마나 힘들었을까? 그런데 우리는 그 사람이 공부하는 과정과 성실성에 박수를 보내기보다는 그 열매만을 쉽게 부러워한다. 오랜 시간 진행되었을 그 사람의 연습과 훈련의 시간도 아름답게 바라보았으면 한다. 모든 성공 뒤에는 눈물과 고통이 그림자처럼 숨어 있기 마련이다. 그러나 그림자 때문에 시도하는 것을 두려워한다면 성공에 접근하기는 어렵다.

영어에 접근하기 위해 쉬운 것에서 어려운 것으로 도전한다. 영어를 할 때는 단순한 문장에서 복잡한 문장으로 접근해 가는 것이 보통인데, 이것은 좀 전통적인 방법이다. 그러나 고정관념을 깨고 어렵고 복잡한 문장을 처음부터 시작해도 된다. 늘 단어만 외운다면 재미가 없다. 자녀와 재미있게 영어 공부를 하고 싶다면 노래로 시작하라고 권유하고 싶다. 영어를 싫어하는 아이들도 노래로 접근하면 훨씬 더 흥미를 가지고 부른다. 우리나라 동요 50편을 영어 동요로 옮겨 놓은 책이 있는데 정말 재미있다. 《박현영의 키즈 싱글리쉬》(꿈소담이)라는 책으로, 이 책은 12권으로 구성되어 있다.

《박현영의 키즈 싱글리쉬》를 참고로 동요 '시계'를 예로 살펴보자. 우선, 한국어로 먼저 불러 본다.

시계는 아침부터 똑딱똑딱
시계는 아침부터 똑딱똑딱
언제나 같은 소리 똑딱똑딱
부지런히 일해요

그리고 나서 영어로 불러 본다.

In the morning clock goes / Tic Toc Tic Toc

In the morning clock goes / Tic Toc Tic Toc

Always the same sound / Tic Toc Tic Toc

It really works so hard

노래로 하게 되면 쉽게 단어를 외우며 통문장으로 암송하게 된다. 이때 영어를 재미있게 배우면서 영어에 대한 자신감이 생길 뿐만 아니라 영어에 대한 거부감도 없어지게 된다. 초등학생뿐만 아니라 '영어 울렁증'이 있는 성인에게도 영어를 재미있고 쉽게 접근하도록 하는 방법이 바로 노래이다. 노래 중에서도 우리나라 어린이들부터 어른들이 모두 좋아하는 한국 동요로 시작하는 것을 권하고 싶다. 영어 동요를 통해 영어는 어렵고 힘들다는 선입견과 고정관념을 버릴 수 있기 때문이다. 공부할 때 즐길 수 있는 노래 기법은 까다롭고 힘든 내용도 노래로 개사해서 외우면 금방 외우는 것처럼 영어도 마찬가지이다. 영어 공부할 때는 즐기는 것이 좋다.

영어 공부를 할 때 또 한 가지 주의해야 할 것이 있다. 단어를 산발적으로 외우는 것인데, 그와 같은 방법은 하수들의 방법이다. 단어는 구슬에 불과하다. 구슬이 아무리 귀해도 한 문장으로 꿰어야 보배가 된다. 즉, 구슬 하나 하나를 연결해서 반지든, 팔찌든, 목걸이든 만들 수 있어야 한다. 그렇게 될 때 영어에 대한 자신감이 조금씩 생기게 될 것이다.

자, 여러분이 먼저 변한다면 자녀도 쉽게 영향 받을 것이다. 여러분의 영어 창고에 있는 단어(구슬)들을 찾아서 하나의 문장으로 만들어 암송하자. 이것이 어렵다면 노래로 불러 보자. 구슬과 목걸이를 동시에 생성하는 방법이 바로 '노래 부르기'에 있다. 이때 좋은 교재를 선택하는 것도 영어에 대한 흥미를 높일 수 있는 방법이다.

| 학습의 심리와 능력의 단계 |

단계	심리와 능력
1단계	무의식적·무능력 상태, 통제 전 단계: 무지몽매 수준
2단계	의식적·무능력 상태, 통제 단계: 아는 수준
3단계	의식적·능력 발휘 상태, 활용 단계: 좋아하는 수준
4단계	무의식적·능력 발휘 상태, 숙달 단계: 즐기는 수준

아는 것보다 좋아하는 것이 낫고 좋아하는 것보다 즐기는 것이 낫다.

- 공자

12 중급 영어는 '스토리'로 잡아라

현대는 무슨 시대라고 말할 수 있을까? 디자인, 이미지, 스토리의 시대라고 할 수 있다.

모든 인류는 '스토리'를 기억하기 좋아한다. 그냥 밋밋한 이야기보다는 주인공이 있고 악당이 있고 반전이 있는 이야기를 좋아한다. 어려움이 없는 평범한 이야기보다는 이야기의 봉우리와 계곡이 있는 것을 더 좋아한다. 영어의 고수들은 하수들보다 영어 문장을 더 잘 이해한다. 그 쌓은 지식으로 이해의 깊이가 더해 간다. 그러나 영어와 문장의 하수들은 이야기가 새비없으면 장시간 집중하기가 힘들다. 영어도 넓은 의미로 말하면 '언어지능'의 한 영역에 들어간다. 그러므로 영어 초급은 노래로 시작하여 영어 동요로 문장 실력을 어느 정도 갖추면 중급 영어로 넘어간다. 중급 영어에서 중요한 것은 스토리 중심으로 간다는 것이다.

중급 영어에서 가장 중요한 것은 '암송'이다. 요즘 엄마들은 최첨

단 과학 기술 시스템을 갖춘 학원에서 배우는 영어가 최고라고 여기지만, 영어는 빈복 훈련을 통해 동작을 몸에 숙달시키는 체육처럼 뇌에 새기는 것이다. 영어 역시 반복 훈련의 결과인 것이다. 인간은 정보로 사고하고 사고로 행동한다. 영어 정보를 암송하고 그것으로 말하는 것이다. 말하는 것이 중요하다. 말하고 연습해서 자연스럽게 흘러나오게 해야 한다.

암송과 글쓰기는 또 다른 것인가? 넓은 의미에서 보면 같다고 할 수 있다. 암송한 지식은 내 안에 들어가서 사색과 함께 또 다른 창의적인 생각과 글의 소재가 되는 것이다. 암송은 내 몸의 기운을 활발하게 소통시키는 건강법이다. 머리로만 이해하는 것이 암기라면 암송은 신장부터 머리까지 울림을 주는 소통법이다. 《동의보감》에 의하면 신장이 소리를 주관하는 기관이기 때문이다. 암기는 머리와 눈만 사용하지만 암송은 신장, 입, 머리 등을 주로 사용하면서 온몸을 소리 파동으로 공명하게 만든다. 그러므로 우리는 암송해야 한다. 우리 조상들이 《천자문》을 암송해서 온몸으로 깨달은 것처럼 암송은 힘이 세다. 암송하면 구술과 글쓰기가 동시에 이루어질 수 있다. 발표 따로 글쓰기 따로가 아닌 발표하고 암송할 수 있다면, 미숙하더라도 글쓰기 또한 가능한 것이다.

스토리가 있는 영어 교재를 선택하라. 그리고 한국어 해석본을 10번 정도 읽어라. 그런 후 영어를 내 것으로 만들 때까지 여러 번 따라 읽고 암송한다. 중요한 것은 소리 파동을 즐기면서 음률을 넣어서 외우는 것이다. 단 영어를 아는 것에서 멈추지 말고 좋아하라. 좋아하는 데서 멈추지 말고 즐기는 수준까지 가라. 어느 날 꿈속에서 영어로 말하는 자신을 보고 행복해할 것이다. 영어책을 이것저것 보지 말라. 영어 공부는 쇼핑이 아니다. 자신이 맘에 드는 책을 한 권 선택하여 큰 소리로 읽는다. 시간을 정해 놓고 매일매일 읽는다. 달팽이처럼 더디 가도 쉬지 않고 해야 한다. 하루 10시간 하는 것보다 매일매일 40분씩 10일 하는 것이 기억에 좋다. 에빙하우스의 망각곡선을 참고해 보면 머리가 좋든 안 좋든 모든 사람들은 시간이 지나면 많은 내용을 잊어버린다. 그러나 반복은 망각의 속도를 떨어뜨려 준다. 그러므로 매일매일 하는 것이 중요하다. 그치지 않고 떨어지는 물방울이 바위를 뚫듯 반복하여 암송을 하다 보면 어느 날 문득 영어 실력이 일취월장한 것을 발견할 것이다. 그것이 바로 암송의 힘이다. 암송하지 않으면 말할 수 없다. 단, 암송을 하되 구슬을 줍는 것처럼 하지 말라. 구슬을 줍다 보면 재미가 없어서 멈춘다. 구슬보다는 팔찌나 목걸이로 꿰어라.

애플비 출판사의 영어 동화 100편 《지식동화》(글: 책아책아 영어컨텐츠 연구소)를 참고로 연습해 보자. 한국어로 먼저 읽어 보라.

〈네 가지 맛〉
나는 사탕을 좋아한다. 그것들은 달다.
아빠는 바다를 좋아한다. 바다는 짜다.
엄마는 커피를 좋아한다. 커피는 쓰다.
언니는 레몬을 좋아한다. 레몬은 시다.
우리 혀는 네 가지 맛을 본다.
그러면 매운 맛은 무엇인가?
그것은 맛이 아니다. 단지 통증이다.

영어로 옮기면 다음과 같다.

〈four kinds of tastes〉

I like candies. They are sweet.

Dad likes the sea. Sea water is salty.

Mam likes coffee. It is bitter.

My sister likes lemons. They are sour.

Our tongue can taste sweet, salty, bitter and sour.

How about things that taste 'spicy'?

It is nat a taste. It's just a sense of pain.

13 권태기를 넘어 성숙기로 행진하라

사람을 만나서, 그사람에 대해 깊이 알고 이해하고, 진정한 사귐에 이르는 과정에는 세 개의 언덕을 넘기 마련이다.

첫 번째는 서로에 대해 탐색하고 알아가는 '열정기'이다. 이 시기는 호기심과 미지의 마음을 알아 가려고 서로 노력해 나가는 시기이고, 서로에 대해 탐색을 시작하면서 서서히 마음을 여는 시기이다.

두 번째 시기는 '권태기'이다. 보통 3년에서 10년 사이에 많이 생기는 과정으로 괜히 그 사람의 행동이 밉고, 신선하지도 않고, 자주 다투게 된다. 부부도 이 시기에 이혼하기 쉽다. 그러나 권태기를 지혜롭게 잘 넘기기 위해서 자신을 갈고 닦아야 한다. 새로운 모습으로 변화하고, 행복하기 위해서 대화의 기술을 배우고, 여행을 하고, 취미생활을 하면서 자신을 발전시킨다면 '권태기'는 극복할 수 있다. 그 방법은 사람마다 다를 것이다. 따로 또 같이를 반복할 때마다 우리들은 조금씩 성장한다. 성장은 지리할만큼 서서히 진행된다.

어느 날 4학년 아들이 태권도 학원에서 돌아와서 이렇게 말했다.

"엄마, 원장님이 저에게만 야단치셨어요. 앞지르기를 더 열심히 하라고요."

"그랬구나. 원장님께서 너를 특별한 제자로 여기셔서 야단을 치신 것 같아. 엄마도 네가 잘못했을 때 지적하지만 그래도 여전히 널 사랑하는 것처럼 원장님도 네가 잘 되길 바라서 그러신 거야."

태권도를 배울 때도 열정기에는 무엇이든 열심히 한다. 선생님의 가르침을 그대로 받아들이고 마음도 즐겁다. 그러나 3년 정도 배우게 되면, 슬슬 싫증이 나기 시작하면서 권태기에 접어든다. 태권도에 대한 마음이 예전 같지 않다. 그러면 원장님의 사소한 지적에도 아들의 마음은 상하는 것이다. 열정기에는 넘어갈 수 있던 '작은 지적'이 이제는 힘들게 느껴지는 것이다. 이때 엄마가 '무게중심'을 잘 잡아야 한다.

"아들아, 스승은 판단의 대상이 아니라 존경의 대상이란다. 너에 대한 신뢰와 애정이 있기에 야단도, 지적도 하시는 것이란다. 모르는 사람에게는 야단도, 지적도 하지 않는단다. 그러니 스승님의 지적에 감사하거라. 사랑의 반대말은 '지적'이나 '미움'이 아니라 '무관심'이란다."

아들은 이 일을 계기로 원장님께 더 각별하게 존경의 마음과 형식을 갖추게 되었다. 이와 같은 상황에서 보통의 엄마들은 선생님의 기를 죽이며, 엄마표 메뉴를 요구하고 심지어는 선생님의 마음을 상하게 한다. 그렇게 하면 교육은 실패하게 된다. 스승도 사람이다. 스승의 마음을 상하게 한다면 어떻게 마음을 열고 온전한 지식을 전할 수 있겠는가? 전문교육은 대부분 도제교육을 통해서이다. '도제교육'에서는 당연히 제자의 성장을 기대하는 사랑의 제재, 사랑의 지적이 있기 마련이고, 그만큼 성장하게 된다. 물론 이상한 '선생님'도 있다. 그렇기에 선생님을 모실 때는 세 눈 뜨고 찾고 스승을 찾았을 때는 두 눈을 감고 스승의 허물을 덮어야 한다. 엄마가 스승의 허물을 들추기 시작한다면 교육은 내리막길로 치닫게 된다. 특히 자녀 앞에서 스승님의 허물을 들추는 것은 '악'이므로 정말 하지 말아야 할 일이다.

배움에서도 진리의 언덕에 도달하기 위해서는 세 개의 언덕을 통과해야 한다. 이 여정에서 경험이 없는 아이들은 쉽게 '포기'하곤 한다. 이때 자녀 옆에 있는 엄마의 현명한 처신이 매우 중요하다. 열정기에는 스스로 열심히 하기 때문에 특별한 관리가 필요없다. 문제는 3~4년 이후에 찾아오는 '권태기'이다. 이 시기를 지혜롭게 극복하기 위해 특별 관리가 필요하다. 이때 보상 시스템을 사용하는 것도 괜찮다. 연습과 훈련이 내면화되기 위해서는 지루한 반복이 지속되어야 하는데, 이때 보상은 강화물로서 지루한 연습을 습관화시키는 '사탕'이 될 수 있다.

권태기를 잘 극복하면 성숙기로 넘어가게 된다. 이때는 스스로 그 배움에 대해 '몰입'하고 즐길 수 있는 힘을 갖게 되는 시기이다. 이때는 배움에 대해 엄마가 말려도 하게 된다. 배움의 내적 기쁨을 터득하게 된 시기이다.

이렇게 배움이라는 것은 진리의 언덕에 도달하기 위해 열정기, 권태기를 넘어 성숙기로 진행되는 지리한 여정이다. 이 여정에는 슬기롭게 넘어야 할 언덕들이 기다리고 있다. 현명한 엄마라면 이 지리한 여정에서 자녀에게 밝은 등불이 되어 인도해 줄 수 있을 것이다.

14 몰입을 터득하면 공부가 즐겁다

공부할 때는 구슬을 하나의 줄로 꿸 수 있게 해 주는 것이 중요하다. 하나 하나의 구슬을 연결해서 통합하면 글을 쓸 수 있게 된다.

구슬이 하나 하나 독립적으로 떠돌게 되는 공부는 '분리형' 공부이다. 시험을 위한 공부, 무엇이 되기 위해 몸과 마음이 분리되어 따로 따로 지식을 쑤셔넣는 공부가 바로 '분리형' 공부이다. 이렇게 되면 몸이 피곤하다. 공부가 지겹다. 공부하다가 몸이 망가진다. 그리고 이런 공부의 문제점은 정보 하나 하나가 산발적으로 굴러다니거나 유리하다가 '망각의 강'에서 소멸되는 것이다.

그러나 공부가 즐겁고 체험적이면, 구슬 하나 하나는 나의 삶과 관계가 되고 연결되어서 '통합형'이 되는 것이다. 통합형이 되려면 어떻게 해야 하는가? 답은 몰입沒入과 삼매경三昧境, 일이관지一以貫之, 불광불급不狂不及, 호지자불여락지자好之者不如樂之者'에 있다.

첫 번째, 통합형 공부에는 몰입과 삼매경이 있다. 동양적 관점에서는 지식과 몸이 하나가 되라고 한다. 인간이 가장 행복할 때는 자신이 관심 있는 분야에서 정신적으로 몰입할 때이다. 무엇을 먹거나 육체적으로 쾌락을 즐길 때는 부분적인 기쁨을 느낄 뿐이다. 그러나 자신의 관심 분야에서 자신의 문제 난이도와 능력이 교차해서 만나게 될 때 '몰입'이라는 정신적 만족을 느끼게 되는 것이다. 자녀가 피아노를 치기 시작하면 처음부터 몰입을 경험하기는 힘들다. 훈련과 연습을 통해 피아노에 대한 실제적인 능력이 생기고, 피아노 과제의 난이도가 자신의 능력과 조화를 이룰 때 '몰입'을 경험하게 된다. 특정 영역에서 몰입과 삼매경을 경험한 자녀들은 다른 영역에서도 몰입을 경험하기 쉽다.

두 번째, 통합형 공부에는 '일이관지'가 있다. 일이관지는 공자가 그의 제자인 증자와 자공에게 한 말로, 하나의 이치로써 모든 것을 일관함을 뜻한다. 영어 단어 하나 하나를 정보로서 암기하는 것보다 단어도 외우면서 스토리로 암송하면 일이관지, 즉 하나로 연결되는 것이다. 진주알 하나 하나도 중요하지만, 각각의 진주알을 가지고 진주 목걸이를 만드는 것이 더 중요한 것이다. 예를 들면, 영어에서 모기라는 단어 하나만을 외우는 것보다는 스토리 있는 문장을 암송하는 것이다.

윙윙 나는 숫모기예요. 나는 벌꿀을 좋아해요. 나는 과일을 좋아해요. 그러나 나는 피를 빨지는 않아요. 윙윙 나는 암모기예요. 나는 물어서 피를 빨아요. 나는 새끼를 낳기 위해 피가 필요해요. 오직 암모기만 피를 빨아요.

출처: 책아책아 영어컨텐츠 연구소(2008). 《영어 동화 100편》

위와 같은 문장을 영어로 바꾸어서 주구장창 암송한다. 이런 식으로 많이 듣고 문장에 대해 반복이 누적되어 익숙해질수록 암송하기 쉽다.

세 번째, 통합형 공부에는 '불광불급'의 원리가 숨어 있다. 불광불급이란 미치지 아니하면 이르지 못한다는 말로서 무엇이든 열정의 정점에서야 이룰 수 있다는 것이다. 대부분 소질이 중요하고 능력이 중요하다고 생각할 수 있다. 그러나 무엇을 이루기 위해서는 소질에 열정이 더해질 때 그 힘이 발휘된다. 소질과 그것을 하나의 힘으로 태울 수 있는 뜨거운 열정이 있을 때에만 이룰 수 있다.

네 번째, 통합형 공부는 '호지자불여락지자'의 원리이다. 공자가 말한 '지지자불여호지자知之者不如好之者 호지자불여락지자好之者不如樂之者', 즉 아는 자가 좋아하는 자만 못하고 좋아하는 자가 즐기는 자만 못하다는 말에서 나온 것이다. 공부는 배운 내용을 음미하면서 즐길 수 있을 때 비로소 내 것이 되는 것이다.

공부를 나의 것으로 만드는 네 가지 원리는 간단하다. 스스로 관심 있는 분야에 몰입하여 삼매경에 빠지고, 일이관지, 불광불급, 락지자가 되는 것이 바로 그 원리이다. 하나의 영역에서 이렇게 원리를 터득한 사람들은 학습 전이력이 높아질 수밖에 없다. 바로 나는 할 수 있다는 '효능감'의 원리를 터득하게 되는 것이다.

He can do it! She can do it! Why not me?

I can do it! You can do it! We can do it!

15 기억과 학습의 원리를 이해하면 공부가 열린다

고대 그리스 사람들은 인간이 학습할 수 있는 기초인 기억력을 사람처럼 의인화해서 '기억의 여신'을 만들었다. 기억의 여신은 아홉 명의 딸인 뮤즈 여신들을 낳았고, 그 딸들이 모든 예술과 과학을 낳았다. 기초적 지식은 기억력을 바탕으로 존재한다. 기억할 수 없는 사람은 이전 경험을 통해 얻은 지식이 단절되어 의식의 틀을 형성하기 어렵다. 모든 정신적 몰입은 기억에 의존한다.

우리는 어떻게 기억하고 학습하는가? 로버트 커니커우에 의하면 우리의 학습 능력은 기억력에 많이 의지한다고 한다. 우리는 무엇을 오래 기억하는가?

1. 읽는 것은 단지 10% 기억한다.
2. 듣는 것은 단지 20% 기억한다.
3. 보는 것은 단지 30% 기억한다.

4. 보고 듣는 것은 50% 기억한다.
5. 말한 것은 80% 기억한다.
6. 말하고 행동한 것은 90% 기억한다.

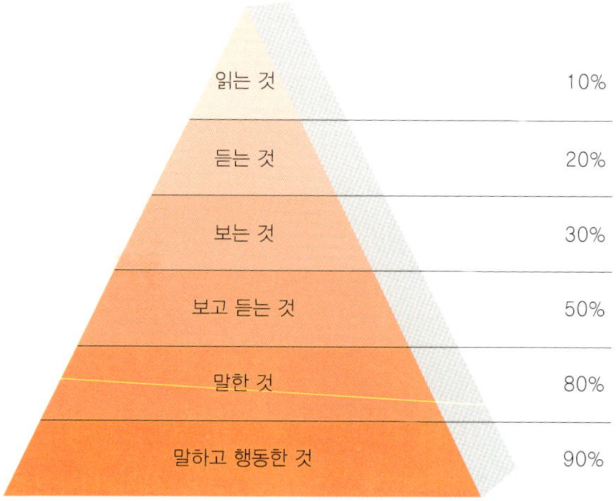

| 학습 피라미드 |

실제로 자녀가 책상 앞에 앉아서 공부를 하지만 읽은(read) 것은 단지 10%의 학습 효과밖에 나타나지 않는다고 할 수 있다. 과학서적을 읽거나 혼자서 문제집을 읽을 경우 학습의 효과는 10%라는 미비한 성과만 나타난다. 그러나 실제로 과학 실험을 보고 들을 때는 50%의 학습 효과가 있다. 좋은 선생님을 만나 과학 실험을 보고 듣는다면 학습의 효과는 50%로 상승한다. 그러나 더 중요한 것은 스스로 실험을 하면서 발표를 하거나 대화하면 학습의 성과는 90%로 증가하게 된다. 행동하지 않고 발표만 하더라도 그 효과는 80%나 된다.

우리 조상들이 흔히 사용한 전통적 학습법인 암송의 힘(되뇌이기)은 굉장히 강한 것임을 알 수 있다. 우리 조상들은 《천자문》을 배울 때 기억을 돕기 위해 반복되는 운율을 넣어서 크게 소리 내면서 암송했다. 눈으로 그냥 읽는 것보다 입으로 구술하면서 암송하면 다시 한 번 뇌가 느끼고 반응하게 된다는 것을 알았던 것이다. 과학적인 심리 실험 결과 자신이 말한 것은 80%의 기억력 효과를 갖게 되는 것을 우리 조상들은 통찰적으로 깨달은 것이다. 그래서 몸을 좌우로 움직이며, 음악적 운율을 가지고 즐기면서 《천자문》을 암송했다. 여기에 한 가지 더 반복의 미학이 더해졌다. 망각을 방지하기 위해 반복의 방법을 사용했던 것이다. 선비의 글 읽는 소리는 온몸을 소통시키는 방법이었다. 앎의 신체성을 실천한 것이었다. 말하고 행동하면서 천자문을 암송했기에 그 지식은 머릿속의 지식이 아닌 실생활에서 직접 체험한 지식이었다. 아는 것을 실천하는 힘이 생기는 공부법이야말로 최고의 공부 비법이다. 우리 조상들의 최고의 공부 비법이 암송에 있는 이유는 탁월하고도 과학적이다. 그래서 우리 조상들은 가장 아름다운 소리 중 하나를 선비의 글 읽는 소리라고 하지 않았던가?

정약용의 시 〈산 북쪽에서 책 읽는 소리를 듣고 짓다〉를 음미해 보자. 금방이라도 선비의 낭낭한 글 읽는 소리가 생동감 있게 들릴 듯하다.

> 온 세상에서 무슨 소리가 가장 맑을꼬
> 눈 쌓인 깊은 산속의 글 읽는 소리로세
> 신선이 패옥 차고 구름 끝을 거니는 듯

천녀가 달 아래서 거문고를 퉁기는 듯
사람 집에 잠시라도 끊겨서는 안 되는 것
마땅히 세상과 더불어 함께 이루어야 할 일이로세
북쪽 산등성이 오막살이 그 뉘 집일꼬
나무꾼도 집에 가길 잊고 정을 보낸다네.

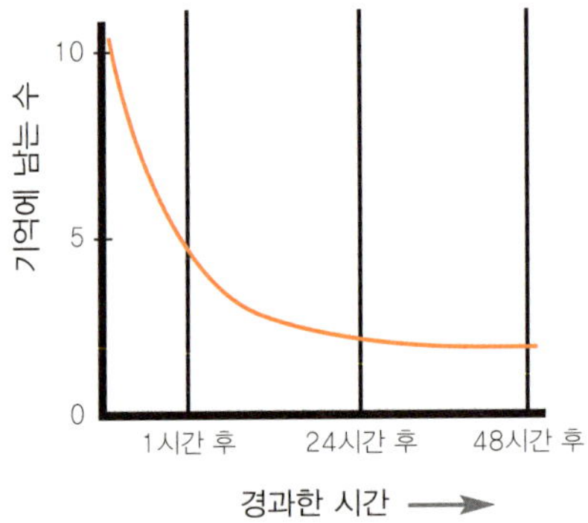

| 에이빙하우스의 망각곡선 |

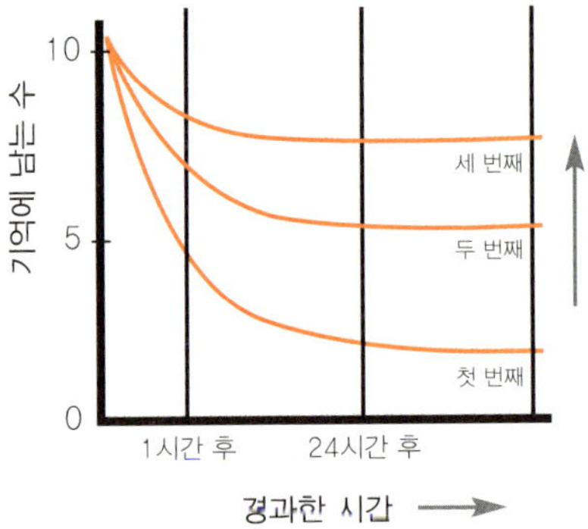

| 반복의 효과 |

16 수수께끼는 두뇌 트레이닝에 좋다

수수께끼는 고대로부터 현명함과 지혜로움을 시험하는 주요 방법이었다. 그리스 신화에 등장하는 스핑크스는 얼굴은 여인의 모습, 하반신은 날개 돋힌 사자이며, 뱀의 꼬리를 가진 사악한 존재로 지나가는 사람들에게 수수께끼를 내고 풀지 못하면 잡아먹었다. 스핑크스가 낸 수수께끼는 다음과 같다. "아침에는 네 발로 다니고, 점심에는 두 발로 걷다가 저녁에는 세 발로 걷는 짐승은 무엇이냐?"라는 수수께끼를 던진다. 다행히 정답을 찾은 사람이 등장하는데 그가 바로 '오이디푸스'이며 이후에 그는 왕이 된다. 스핑크스는 자신의 수수께끼의 비밀이 풀리자, 수치심으로 벼랑에 제 몸을 던진다.

잘 알려지지 않았지만 스핑크스의 두 번째 수수께끼도 있다. "두 자매가 있다. 언니가 동생을 낳고 다음에 동생이 언니를 낳는다. 이 자매는 누구인가?" 정답은 해님과 달님이다.

푸치니의 오페라 중 하나인 '투란도트'에서도 극의 중요한 소재가 수수께끼이다. 얼음공주인 투란도트는 자신의 남편감을 고를 때 현명함과 지혜를 시험하기 위해 풀기 어려운 수수께끼를 도입한다.

투란도트가 낸 수수께끼는 7살짜리 아이라도 생각이 남다른 자녀라면 맞출 수 있다. 수수께끼를 풀어 보면 참 재미있고 흥미와 궁금증이 유발된다. 결과보다도 답이 무엇일까를 골똘히 생각해 볼 때 집중력과 사고력이 싹트게 된다.

투란도트가 낸 수수께끼는 다음과 같다.

수수께끼 1

이것은 어두운 밤을 가르며 무지갯빛으로 하늘을 날아다니는 환상이고, 모두가 갈망하는 환상이다. 이것은 밤마다 새롭게 태어나고 아침이 되면 죽는다.

➔ 정답: 희망

수수께끼 2

불꽃을 닮았으나 불꽃은 아니며, 생명을 잃으면 차가워지고, 정복을 꿈꾸면 타오르고, 그 색은 석양처럼 빨갛다.

➔ 정답: 피

수수께끼 3

그대에게 불을 주며 그 불을 얼게 하는 얼음. 이것이 그대에게 자유를 허락하면 이것은 그대를 노예로 만들고, 이것이 그대를 노예로 인정하면 그대는 왕이 된다.

➔ 정답: 공주 '투란도트'

공주는 쉽게 자신의 마음을 열지 않고 '신랑감' 후보들에게 아리송하고 황당한 수수께기를 던진다. 많은 후보들은 알아맞히지 못해 화를 당한다. 화를 당할 것인가 맞히고 공주의 신랑이 되어 왕이 될 것인가는 그들의 지혜에 달려 있다. 공주의 수수께기를 알아맞힌 '칼라프' 왕자는 공주의 신랑으로 낙점된다. '공주는 잠 못 들고'란 아리아를 들을 때 더욱 흥미진진하게 들을 수 있는 방법 중의 하나는 바로 '수수께끼'를 내고 같이 들어 보는 것이다.

본 학습에 들어가기 전에 두뇌에 궁금증을 유발하면 학습 의욕이 높아지고 학습 동기를 부여하게 된다. 수수께끼는 궁금증을 유발하여 두뇌 회전을 돕는다.

다음 수수께끼의 답이 무엇인지 알아맞혀 보라.

노아의 홍수 이전부터 있던 것인데 살도 없고, 뼈도 없으며, 정맥도 없고, 피도 없는 것.

머리도 없고, 발도 없지요.

들에도 있고, 숲에도 있는데……

손도 없고 발도 없어요.

또한 넓기는 지구 표면 만큼 넓답니다.

이것은 태어난 것도 아니고, 눈으로 볼 수 있는 것도 아니지요.

답: 바람

출처: 미하이 칙센트 미하이(2004). 《몰입, 미치도록 행복한 나를 만난다》

17

배움에 대한 갈망

그리스의 철학자, 그리스에서 가장 현명한 자라는 칭호를 가진 소크라테스는 제자들의 무지함을 깨우쳐 주기 위해 질문과 체험을 사용했다. 그의 제자가 되고 싶었던 한 청년이 찾아왔다. 청년은 소크라테스에게 이렇게 말했다. "저를 가르쳐 주십시오." 소크라테스는 청년을 강으로 데리고 갔다. 그리고 청년의 머리를 다짜고짜 강물에 집어넣었다. 잠시 후에 소크라테스는 청년의 머리를 부드럽게 꺼내 주었다. 소크라테스는 청년의 눈을 지긋히 응시하면서 질문을 했다. "물속에 있을 때 자네가 진정으로 원하고 바라던 것은 무엇이었나?" 청년은 곧바로 대답했다. "그것은 바로 산소입니다." 소크라테스는 청년에게 의미심장한 말을 해 주었다. "자네가 물속에서 산소를 간절히 원했던 것처럼 배움에 대한 간절한 갈망이 있다면 그 열망이 자네를 배움의 길로 이끌어 줄 걸세. 그러니 나에게 도움을 청하지 않아도 되네."

요즘은 정보통신 기술을 이용한 최첨단 컴퓨터를 사용해서 학습한다. 스승과 제자가 질문하고 답하는 전통적 학습법은 왠지 교육의 효과가 떨어진다고 생각하기 쉽다. 고대로부터 현대에 이르기까지 훌륭한 스승들은 도제교육을 택하고 느리게 그렇지만 완전하게 체험하는 교육을 실행한다. 소크라테스는 가르침을 주기 위해 의외의 방법을 택하고 있다. 90%의 학습 효과를 낼 수 있는 '말하고 행동'하는 방법을 택하고 있는 것이다. 현대에 와서 고도의 통제된 심리학 실험으로 증명된 학습법을 이미 고대의 현자들은 통찰적으로 알고 있었던 것이다. 소크라테스는 이미 직관적으로 알고 있었다. 배움은 실천의 문제, 즉 '지행합일'의 문제다. 배운 자들이 머리로 계산만 하고 실천은 하지 않을 때 그 지식은 얼마나 많은 '부작용'을 가져오는가?

배운 자들이 자신이 가진 이론과 학문을 직업적 도구로 이용할 때 그들은 상석에 앉기를 좋아하고, 문안인사 받기에 급급하고, 돈을 좋아하게 된다. 그것은 권력의 도구가 된다. 지식이 권력과 명예와 돈의 도구가 되어서는 안 된다. 지식이 순수하게 실천의 도구가 되는 것이 바람직한 일이라 하겠다.

배움과 학문 분야에서 성공은 외부적인 것보다는 내부적인 열망이 먼저 전제되어야 한다. 그렇지 않으면 남의 시선과 기대에 부응하기 위한 공부나 학습이 되기 쉽다.

김용택 시인은 배움에 대해 이렇게 말하고 있다.

참된 공부란 자연을 읽어 내고 사람과 잘 놀며 현재의 자기를 귀하게 가꾸는 것입니다. 인생에서 배운 점은 '지금을 귀하고 소중하게 가꾸다 보면 내가 생각지도 않은 일들이 온다'는 것입니다.

배움에 대한 갈망이 있어야 하고 그 갈망이 내부에서 왔다면, 다른 사람의 최대치보다는 내 자신의 최대치에 나를 비추어 보는 사람이 되어야 한다. 늘 다른 사람의 최대치를 나에게 비교하다 보면 나 자신은 없다. 나의 소질과 개성은 그 사람과 같지 않다. 꽃들은 저마다 다른 성격과 개성, 능력, 색을 가진다. 저마다의 장점은 다르다. 봄에 일찌기 꽃을 피우는 꽃도 있지만, 늦가을에 피는 들국화도 있다. 들국화가 가진 개성과 소질로 자신의 열정에 불을 지필 수 있는 부모가 되자. 자녀도 무언 중에 느끼고 배우게 될 것이다.

학습의 방법	학습의 효과	효과의 질
책을 읽을 때	10% 흡수	학습 효과 매우 낮음
귀로 들을 때	20% 흡수	학습 효과 낮음
보면서 들을 때	50% 흡수	학습 효과 보통
말을 할 때	80% 흡수	학습 효과 우수
말하면서 체험할 때	90% 흡수	학습 효과 매우 우수

3부

자녀의 마음밭에 단비를 주라

01 자객 형가의 용기

살면서 가끔 이런 생각을 했다. 계란으로 바위를 치면 바위가 이길까? 계란이 이길까? 안타깝게도 현실에서는 바위가 이긴다. 오히려 바위 표면에 달라붙은 계란의 유분으로 인해 바위가 더 단단해지는 것은 아닐는지…….

형가는 왜 그런 무모한 게임을 한 걸까?

춘추 전국 시대 연나라는 진나라의 침입으로 인해 항상 불안해하고 있었다. 연나라의 태자 단은 진시황에게 보낼 자객을 은밀히 물색하고 있었다. 그러던 어느 날 믿음직스런 전제가 한 사람을 천거하였다. 천거받은 사람은 형가로 검을 능숙하게 잘 다루며, 의리를 소중히 여기는 사람이었다. 형가는 자객으로서 충분조건을 갖춘 셈이었다. 칼을 잘 다룰 뿐만 아니라 인격적으로는 의리를 소중히 여기고 무엇보다도 어머니에게 지극 정성인 효자였다. 형가는 연나라 태자의 명을 받고 떠날 때 〈역수한〉이라는 시를 남겼다.

바람은 쓸쓸하고, 역수는 차갑도다.

장수는 한번 떠나가면 결코 다시 돌아오지 않으리.

자객의 비애와 슬픔이 나타나면서도 의리와 충절을 자신의 목숨보다 중요하게 여기는 마음을 엿볼 수 있다.

그는 자객으로서 성공하지 못했고 비참한 최후를 맞는다. 진시황제는 형가를 통해서 폭군이 아닌 성군으로서 거듭날 수 있음에도 여전히 포악한 황제로 살아갔다. 하늘에서는 참회할 기회를 주었건만 진시황은 일말의 가책도 없었던 것이다.

형가는 철저히 실패한 사람일까? 형가가 우리에게 일깨우는 점은 등에처럼 따끔하게 쏘는 선한 양심에 대한 질책일까? 그럼에도 오늘날 형가의 의로운 저항이 내 마음에 부딪히는 파도는 크기만 하다.

저항할 것인가? 침묵할 것인가? 우리의 무기는 무엇인가?

형가가 오늘날 우리에게 주는 메시지는 이것이다. 불의하고 타락한 권력 앞에 무조건 굴복하지 말하고, 무조건 맹종하지 말라는 온몸의 저항이었을 것이다. 자신의 의로운 행동을 후세에 본보기를 보인 것이리라. 작은 저항도 하지 않는다면 적은 점점 거대해질 것이다. 우리의 판단력을 계속 일깨우고 무엇이 옳은지 깊이 생각하는 것이 형가라는 자객에게서 우리가 취할 점이다.

목마른 정의감을 가지고 온몸을 불살랐던 형가처럼 자신의 몸을 바치며 희생하는 시대는 아닐지라도 불의 앞에 내 작은 이익을 위해 침묵하거나 고통 당하는 약자에게 무관심했다면 형가의 저항을 떠올리자.

형가처럼 거창하거나 큰 일은 아니더라도 생활 속에서 용기를 가지고 행동할 수 있는 사람이 되는 일은 보기보다 쉬운 일이 아니다. 그래도 인식하고 있다면, '아니오'라고 용기 있게 대답할 수 있게 된다. 실천할 수 있는 힘은 정서적으로 공감할 수 있어야 하고 무엇이 옳은지 판단할 인지력이 준비되어야 한다. 그리고 여기에 더해서 행동으로 마무리해야 한다. 정서, 인지, 행동의 삼박자가 균형을 이룰 때에라야 모두가 다 '예'라고 말하는 옳지 않은 일에 대해 '아니오'라고 말하며 실행할 수 있다.

아는 것을 안다고 하고, 모르는 것을 모른다고 하는 것이 곧 진실로 아는 것이다.

- 공자

오직 너희 말은 옳다 옳다, 아니라 아니라 하라 이에서 지나는 것은 악으로 좇아 나느니라

- 마태복음 5:37

● 신언서판身言書判: 당나라 시대에 관리를 뽑을 때 보았던 네 가지 기준
몸가짐, 말씨, 글씨체, 판단력

02 효능감 이전에 획득되어야 하는 것

인간은 언제 가장 행복할까? 언제 가장 충만함을 느낄까? 외적인 환경의 변화 없이 내적인 행복만으로도 살아갈 수 있을까?

외적인 환경만이 인간을 최상의 행복으로 인도하지는 않는다. 외적인 환경만이 행복과 삶의 질을 높여 주는 것이라면, 이 세상에서 가장 행복한 사람은 가장 많은 물질을 소유한 사람이리라. 그러나 분명한 것은 부유한 사람들이라고 해서 보통 사람들보다 더 많이 행복하다고 느끼는 것은 아니다. 물질은 우리의 만족 상태를 그리 오래 지속시키지 못한다. 감각적인 만족감은 오후의 햇살처럼 짧다. 지독히 빨리 지나가는 주말 오후 같다고나 할까? 물질보다 더 중요한 그 무엇, 자신만의 고유한 영역에서 집중하고 몰입하여 성취했을 때 느끼는 만족감을 물질에 비교할 수 없으리라. 그렇다면 우리가 자녀에게 물려줄 것은 무엇인가? 물질인가 아니면 정신과 삶을 대하는 태도일까? 전자보다는 후자에 관심을 갖고 연구해 보아야 할 것이다.

꽤 긴 시간 동안 필자는 '자기 효능감'에 대한 고민으로 효능감의 정의, 탐색, 실험 등을 삶에 적용시키려 하였다. 자기 효능감이높은 교사는 직업적인 정체성 수준이 높기에 '교사 효능감'도 높다.

> 교사 효능감에 대한 선행연구들을 검토해 보면 교사가 학생들에게 얼마나 긍정적인 영향을 미친다고 생각하는가라는 질문을 교사에게 하는 것이 의미 있고 중요하다는 점을 확인할 수 있다.
>
> 출처: 임성택(2011). 《교사 효능감》

그토록 나의 인생에 효능감을 적용시키려 하였건만, 엄마 역할과 교수 역할 어느 영역에서도 효능감은 쉽게 정복하기 어려운 일이었다. 왜 보통 사람들은 삶의 각 영역에서 이토록 효능감을 갖기 어려워하고 노력을 통해 쟁취하려고 하는 것이 되었을까?

자아 존중감을 가지고 있다고, 즉 자기 자신에 대한 호감이 많이 있다 하더라도 무엇을 향해 도전하고 그 도전을 성취하기 위해 효능감을 갖는 것은 대부분 어렵다. 효능감을 갖기 위해서 자기 자신이 가져야 할 많은 경험들이 있어야 하기 때문이다. 그것을 네 부분으로 구분해 보면, 우선 이전의 성취 경험이 누적되어 있어야 하고, 둘째로는 대리 경험이며, 셋째로는 실망감이나 불안감에 빠져 있을 때 중요하고 의미 있는 사람으로부터의 언어적인 설득 경험이 있어야 하며, 넷째는 자신의 정서적인 각성을 통제할 수 있어야 하는 것이다. '나는 그것을 할 수 있다'는 개념은 이토록 중요한 것이다. 삶의 모든 영역에서 우리는 이 효능감이 없이는 아무것도 이룩하거나 성취해 낼 수 없기 때문에 생의 초기부터 이러한 효능감을 갖기 위한 효능감의 기본 전제를 배우는 것이 필요하다.

동서고금을 막론하고 아이들에게 가장 강력한 영향력을 행사할 수 있는 사람은 부모이다. 부모로부터 효능감을 학습하고 그것을 몸의 자세나 태도로 습관화한 일부 사람들에게는 삶이 그토록 어려운 것이 아닐 것이다. 이들은 일상생활 속에서 효능감의 기본 전제들을 내면화하고 그것을 실천하여 삶을 완성하는 일이 물 흐르듯 자연스러울 것이다. 그러나 부모로부터 효능감을 학습하지 못한 사람들은 성장하면서 스스로 효능감 이전의 기본 전제들을 배우고 학습하여, 내면화하여야 한다.

그렇다면 효능감의 기본 전제들이란 무엇일까? 많은 것들이 있지만, 중요한 것은 시간을 관리하는 법, 심리적 엔트로피를 제거하는 법, 자기 자신을 알고 관리하는 법, 자신에게 어울리는 학습법, 자신의 집중 공간 등을 탐색하여 자신의 것으로 만드는 것이다. 우리는 자녀에게 물질만 대물림하는 것이 아니라 정서, 정신과 사물을 대하는 태도도 대물림한다는 것을 명심해야 한다. 부모가 자식을 사랑한다면 먼저 자신의 생각과 태도를 점검해야 한다. 자식의 효능감 수준 점검에 앞서 자신의 효능감 수준을 점검해야 한다. 효능감을 가지고 있는 사람들은 자신의 내면에 더 많은 관심과 집중을 가지고 있으므로 물질과 외적 조건 때문에 쉽게 휘둘리지 않고, 자신의 고유한 장점, 즉 자신이 할 수 있는 일에 집중한다. 그래서 사물을 좀 더 명료하게 바라볼 수 있으며, 타인의 잣대나 판단으로부터 자신을 지킬 수 있다. 자신이 바라는 일들을 정확하게 인지하여 행동하며, 자신의 행동이 목표에 접근하는 행동인지 멀어지는 행동인지 수시로 점검하여 자신의 행동 방향성을 목표에 대입하여 설정한다.

03 자신감으로 단기기억량을 늘리라

뉴턴은 이런 말을 했다. "나는 진리의 바닷가에서 진리라는 진주를 줍는 소년에 불과했다"라고.

기억에는 단기기억과 장기기억이 있다. 단기기억은 정보를 받아들일 때 오감각에 의존하여 기억하는 것으로 누구나 저장량의 한계는 비슷하게 전화번호의 숫자 개수와 같은 '7자리' 정도이다. 그러나 정서적으로 안정되어 있어 자신감이 있고 자존감이 높은 어린이는 단기기억량이 기본량 7보다 증가한다. 이와 반대로 정서적으로 불안정하고 집중력이 감퇴하면 기본적인 능력인 '7자리' 정도의 양보다 감소하여 기본량 7 이하로 떨어지기 마련이다.

그러므로 자녀의 단기기억량을 높이려면 정서적으로 안정감 있게 키우고 집중력 있는 어린이로 성장시켜야 한다. 장기기억은 암기와 암송으로 인해 뇌에 새겨서 언제든지 인출 가능하게 된 것이다. 모든 정보와 지식은 자기 것으로 만들기 위해서 이 과정을 거치며 형성되어 간다. 기억이 흐릿하여 입에서만 맴돌고 인출이 안 되는 '설단 현상'을 방지하려면 뇌에 확실히 새기는 공부를 하고 '과학습'하는 것이 최고의 방법이라 할 수 있겠다. 과학습이란 완전히 지식이 넘치도록 학습하는 것이라 볼 수 있다. 이런 '과학습'을 할 수 있으려면 그 학습을 진정으로 즐기고 몰입하여 지식을 머리가 아닌 마음으로 받아들여야 한다. 일찍이 공자도 이런 말을 하셨다. '지지자불여호지자知之者不如好之者 호지자불여락지자好之者不如樂之者', 즉 사람이 무슨 일을 할 때는 아는 것보다는 그 일을 좋아하는 자가 낫고 그 일을 좋아하는 자보다는 즐기는 자가 낫다는 것이다. 즉, 아는 수준은 정보를 그저 무의미하게 받아들이는 수준이며, 물고기 한 마리를 얻는 형태이다. 그 일을 좋아하는 수준은 관련된 지식을 하나의 카테고리로 꿰어 연결할 수 있는 상태이며 낚시하는 방법을 배운 상태라 볼 수 있다. 그리고 마지막의 즐기는 상태는 그 일에 완전히 능력도 높아지고 과제의 난이도 또한 높아진 상태에서 몰입하고 삼매경에 빠져 시간과 공간을 잊는 상태, 즉 그것을 열망하는 상태이다.

학습을 하는 방법에는 눈으로 보고 입으로 소리 내고 손으로 쓰면서 동시다발적으로 하는 방법이 가장 효과적이다. 그리고 학습을 내 것으로 만드는 방법에는 강의를 가만히 듣는 것보다는 몸으로 직접 체험한 것이 기억에 오래 남고 이것보다 더 확실하게 기억에 남는 방법은 발표를 하거나 남을 가르쳐 보는 방법이 있다. 학습에는 단기기억과 장기기억이 있고 인출이 발생한다. 단기기억에서 장기기억으로 넘어가는 방법에는 여러 가지가 있지만, 가장 확실한 방법은 여러 번 암송하는 것이다. 암송의 장점은 무엇일까? 암기는 내적이지만 암송은 내적인 동시에 외적이고 신체적이다. 암송은 신장에서 머리까지 신체의 기관을 힘 있게 소통시켜 준다. 뇌과학적 보고에 의하면 암송이 암기보다 장기기억 효과 면에서 열 배 이상 좋다고 한다. 암송은 몸으로 공부하는 것이다. 지식을 몸으로 연주하여 저 드넓은 우주에 진리의 장에 공명하는 것이다. 암송은 힘이 세다. 자녀들과 암송의 시간을 가져 보자.

암송의 출발점은 마음을 울려 주는 좋은 시가 적합할 듯하다. 시는 언어 지능을 갈고 닦은 언어 달인들의 정신적 보석이기 때문이다.

| 암송하면 좋은 시 |

시인	시 제목
로버트 브라우닝	피파가 지나간다
케빈 윌리엄 허프	선생님은
정약용	산 북쪽에서 책 읽는 소리를 듣고 짓다
T.S. 엘리엇	황무지
최영미	선운사에서
윌리엄 어니스트 헨리	정복 불능Invictus
백석	여승
이형기	낙화

04 의미 있는 타인의 말

자녀에게 가장 의미 있는 사람은 누굴까? 당연히 부모일 것이라 생각하겠지만, 관계라는 것은 일방적이 아니라 쌍방적이다. 자녀의 섬세하고 여린 마음을 누적적으로 이해하여 좋은 관계를 형성한 어머니는 자녀와의 모든 관계가 원만하고 행복하다. 그러나 관계가 지시 복종 형태로 원만한 소통이 잘 이루어지지 않았다면 이제부터 잔소리와 야단은 잠시 보류하고 자녀의 마음을 열어 주는 사랑의 대화, 즉 칭찬을 제시해 보자. 그렇다고 아무 상관 없이 칭찬을 하는 것은 효과가 없다. 칭찬할 때는 두 가지 요소를 고려해야 한다. 하나는 아이의 능력이 나타나는 장점에 근거해서 칭찬을 해 준다. 두 번째는 칭찬할 때 고려할 점을 상기해야 한다는 것이다. 자녀의 성격적인 면과 지능의 특징 그리고 칭찬의 요소를 고려하면서 대화하려면 어느 정도의 교육적 정보와 기술이 필요하다.

우선 자녀의 성격의 장단점을 알기 위해서는 에니어그램에 대해 알면 많은 도움을 받을 수 있다. 또한 자녀의 강점지능을 알고 보완지능을 이해하기 위해서는 다중지능에 대해 알면 도움을 받을 수 있다. 마지막으로 자녀를 칭찬할 때도 아무 때나 아무 기술 없이 하는 것이 아니라 전략이 필요하다. 칭찬 기술은 심리학의 도움을 받으면 좋다. 우선 자녀에게 가장 의미 있는 사람이 되기 위해서는 자녀의 마음을 알아주어야 한다. 동서고금을 막론하고 사람들은 자신의 가치를 알아주고 인정해 주는 사람들에게 자신의 마음을 연다. 중국의 역사가 사마천의 사기열전을 보면 이런 말이 나온다. 사위지기자사士爲知己者死 여위열기자용女爲悅己者容. 선비는 자기를 알아주는 사람을 위해 죽고 여인은 자기를 기쁘게 해주는 사람을 위해 얼굴을 단장한다는 뜻이다. 이렇듯 사람의 마음은 자기를 인정해 주는 사람을 좋아하고 의미 있어 한다.

오래전에 보았던 〈마이 페어 레이디〉라는 영화가 기억에 남는다. 그녀는 언어 발음에 심각한 장애를 가진 '말더듬이'였고 길에서 꽃 파는 처녀에 불과했다. 그런 처녀를 보고 젊은 학자는 교육을 통해 그녀의 발음을 교정시킬 수 있고 귀족과 같은 교양을 내면화시킬 수 있다고 호언장담하며 내기까지 건다. 결과는 어떻게 됐을까? 사투리를 쓰고 어눌하고 시원치 않았던 그녀의 발음은 교육에 의해 완벽하게 교정되었고 교양과 매너 면에서도 고급스런 귀족 스타일로 변화한다. 그녀는 과거의 흔적을 어디에서도 찾을 수 없는 완벽하게 교양 있고 품위 있는 아가씨로 변모하게 된 것이다. 그녀는 성대한 파티에서 주인공이 되어 많은 아가씨들의 선망의 대상이요 질투의 대상이 된다. 그리고 많은 남성들의 마음을 설레게 하는 숙녀가 된다. 마치 고치에서 탈바꿈한 나비와 같았다. 그녀를 변하게 만든 동기는 무엇인가? 의미 있는 타인의 인정하는 말이 그녀로 하여금 성장하고 발전하고 싶은 열망을 자극한 것이다.

그녀에게 의미 있는 타인은 누구인가? 젊은 학자였다. 의미 없는 타인의 말은 내 가슴에 남지 않는다. 그가 아무리 칭찬을 하고 혹은 아무리 심한 말을 하더라도……. 의미 없는 타인의 말은 내 마음속에 인식되거나 저장되지 않고 그저 터널처럼 통과해 버리고 망각해 버리는 것이다. 그러나 의미 있는 타인의 말은 마음의 책갈피에 깊숙이 박혀 자신을 움직이는 동기로 형성된다. 의미 있는 타인이 된다는 것은 한 사람의 인생을 변화시키고 향상시킬 수 있는 중요하고 핵심적인 역할을 하는 영향력 있는 사람이 된다는 것이다.

오늘부터 자녀에게 의미 있는 타인이 되는 작전을 세워 보자. 그 방법은 독특하고 새로울수록 효과가 있다. 김춘수의 〈꽃〉이란 시에서처럼 자녀에게 특별한 호칭을 불러 주면 어떨까?

	의사소통의 종류
양에서 질로 변화 ↓	1. 표면적 대화
	2. 사실 확인의 대화
	3. 지적인 대화
	4. 감정적 대화
	5. 사랑의 대화

05 질문의 힘을 키우라

멕시코 신화 중에 질문의 중요성을 잘 말해 주는 이야기가 있다. 멕시코 토착민들의 조상은 옥수수 신이었다고 한다. 옥수수 신들이 멕시코 땅으로 내려왔을 때 그들은 중요한 결정을 하게 되었다. 질문을 하는 신들만 전진할 수 있도록 했다. 신들은 서로 질문하고 대답하고 질문하고 대답하면서 세계를 향해서 걸어갔다. 보행하며 질문하는 것! 바로 신들이 멕시코 땅에 정착할 수 있었던 커다란 에너지는 질문의 힘이었던 것이다.

이와 마찬가지 예를 유대인들의 토론에서 찾을 수 있다.

주지하듯이 유대인들은 전 세계 인구의 약 0.2%를 차지하고 있지만 노벨상 수상자의 22%, 아이비리그 학생의 23%, 미국 억만장자의 40%를 차지하고 있다. 아인슈타인, 에디슨, 프로이트, 천재 철학자 비트겐쉬타인, 영화인 찰리 채플린, 스티븐 스필버그, 빌게이츠 등은 유대인들로서 세계 여러 분야의 핵심 인재로 잘 알려진 인물들이다.

유대인들의 천재 교육의 비밀은 다름 아닌 질문의 힘이다. 유대의 자녀들은 그들의 종교지도자인 랍비를 존경하는 것에서 출발한다. 그리고 유대인들에게 중요한 것은 지식에 대한 질문과 도전이다. 이들은 랍비를 대할 때도 서로 의견을 주고받으면서 토론한다. 또한 유대인의 대화법은 의사소통을 통한 지식의 전달을 지향한다. 유대 자녀들은 질문을 통해 성장한다. 그들은 서로의 질문을 통해 대답하고 그 대답에 따른 또 다른 질문으로 서로 상호작용한다. 우리나라의 도서관은 대체로 조용하다. 혼자서 텍스트를 놓고 조용히 암기하거나 공부한 내용을 상기한다. 그러나 유대인의 도서관인 '예시바'는 시끄럽다. 그들은 성경조차도 서로 질문한다. 다른 사람의 생각과 내 생각의 공통점과 다른 점 속에서 합이 되는 생각을 정리한다. 이와 같이 유대인들은 질문의 힘을 그들의 자녀 교육에서 충분히 이끌어 내고 있다. 아주 사소한 차이이지만, 시간이 지날수록 이 효과는 '나비효과'로 몇 년이 지나면 대단한 격차를 이끌어 낸다. '호리의 차이가 천리 길의 차이를 빚는다'라는 말처럼 작은 차이는 커다란 격차를 만들어 낼 수 있다.

유대인들의 교육과 우리 교육의 공통점은 스승을 존경하고, 기본지식을 암기하는 데 있다. 우리 자녀들은 교과서를 암기하고, 유대 자녀들은 바로 성경말씀 테필린을 암송한다. 그런데 출발점은 같다 하더라도 실상은 매우 다르게 나타난다. 유대 자녀들은 말씀 암송, 즉 배경지식을 기초로 존경하는 스승에게 질문하고 그들의 친구들과는 질문에 꼬리를 무는 격렬한 토론을 한다. 유대 자녀들의 뇌는 "왜?"라는 것으로 단련된다. "왜?"라는 의문은 모든 성과물의 실재적 쓸모에 대한 직접적 존재 의미를 부가한다.

우리는 자녀들에게 어떻게 교육하는가? 스승을 존경하고 예의 있게 대하며 순종하라고 가르친다. 그러나 "궁금한 것은 질문해라"라고 가르치지 않는다. 이제는 질문하는 것을 가르쳐야 한다. 기초 지식과 배경지식에서 파생된 질문은 고급스런 질문이다. 기본 지식이 없으면 질문도 할 수 없다. 우리 자녀들과 유대 자녀들이 암기하는 것은 기본 지식에 있다. 그런데 우리 자녀들은 학교 교과서를 외우고 유대 자녀들은 말씀 암송, 즉 테플린 카드를 암송한다. 우리 자녀들은 인학을 외우고 그들은 신학을 암송한다. 응용 범위와 학습 전이력이 어떤 것이 높을까? 그 판단은 어머니들에게 맡기겠다. 그러나 세계의 위대한 작가들은 작품에 대한 영감을 어디에서 얻는가? 그것은 바로 성경이다. 성경은 인간에게 필요한 보편 가치와 신앙인으로서 지켜야 할 고유 가치가 들어 있는 보물 창고이다. 어떤 것이 학습 전이력이 높은지 두말할 필요도 없다. 몇 년에 한 번씩 그 내용이 대거 바뀌는 교과서와 시공간의 변화에도 항상 불변하는 진리의 글, 신의 감동으로 기록된 성경을 비교하는 것은 '어불성설'이다.

아무튼 자녀에게 작은 그림을 제공할 것인가, 큰 그림을 제시할 것인가는 어머니의 선택에 달려 있다. 교과서의 지식과 정보를 줄 것인가? 도덕성과 모든 학문의 모태인 성경의 지혜를 제공할 것인가? 이와 함께 질문의 힘을 키우는 것도 어머니의 몫이다.

실학자 홍대용은 이런 말을 했다. "크게 의심하는 바가 없으면, 큰 깨달음이 없다." 자녀의 뇌를 지적 호기심으로 가득 차오르게 하려면 '왜'라는 질문의식과 배경지식이 있어야 한다. 배경지식이 없으면 호기심도 궁금함도 있을 수 없다.

공부하는 자녀로 키우기 위해서는 사물에 대한 순수한 호기심과 궁금함으로 마음이 충만해야 하고 또 입을 열어 질문할 수 있어야 한다. 질문할 수 있는 개방적인 분위기를 만들어 주자. 심리적 열림, 학문적 열림, 정보의 열림, 어머니 마음의 열림이 절실히 필요하다.

질문은 장점은 세 가지로 정리된다.

첫째, 질문은 마음을 열게 한다.

둘째, 질문은 생각을 활성화시킨다.

셋째, 질문은 호기심을 자극한다.

06 지금 여기에Now and here를 즐기자

인도 사람들은 지인을 만나면 '나마스떼'라고 다정하게 인사를 건넨다. '나마스떼'란 '지금 여기의 당신을 존중한다'라는 의미의 말이다. 나마스떼는 인도 고대 언어인 산스크리트어 'Namah'와 'Aste'의 합성어로서 'Namah'는 경배드린다, 존중한다는 뜻이고 'Aste'는 '당신을'이라는 의미이다. 나마스떼란 말은 '당신 안에 있는 신에게 문안드립니다'라는 의미로도 해석된다.

신분의 귀천이나 지위고하를 막론하고 지금 만나고 있는 사람에게 최선을 다하는 사람이야말로 순간순간을 즐기며 사는 사람이라 할 수 있다.

톨스토이 또한 '나마스떼'를 실천하며 산 사람이었다. 그는 길을 가다 거지를 만났다. 거지가 돈을 구걸하자 그는 자신의 주머니를 뒤져 보았다. 안타깝게도 그의 지갑은 비어 있었다. 그러자 그는 "미안합니다. 나의 형제여, 만일 나에게 돈이 있었다면 당신에게 주었을 텐데…….” 하며 정중히 사과했다. 그러자 거지는 이렇게 말했다. “당신은 이미 내가 원하는 것보다 더 큰 것을 주었습니다.” “그것이 무엇입니까?” 하고 톨스토이가 거지에게 묻자 “당신은 나에게 형제라고 불러 주었습니다.” 하고 거지는 대답했다. 톨스토이는 그 거지를 바라볼 때 거지가 하는 일에 주목한 것이 아니라 거지 속에 있는 인격과 영성을 바라본 것이다. 그가 비록 구걸하고 있지만 그 안에 있는 하나님의 형상, 즉 인간으로서의 고유한 가치에 주목한 것이다. 다른 사람들이 거지를 편견과 선입견으로 자신과 다른 사람으로 분류하고 편 가르기를 하고 있을 때, 톨스토이는 거지에게 확장된 자아감을 가지고 그를 인간의 범주, 형제의 범주에 넣었다. 거지는 사람들이 자신에게 돈을 줄 때조차도 자신을 그들과 같은 형제라기보다는 한 단계 아래의 사람으로 취급하는 것을 분명히 알고 있었다. 그러나 톨스토이는 거지를 형제라고 불렀다. 거지는 그가 원하는 것을 얻지 못했지만 그보다 더 큰 것을 얻은 것이다.

톨스토이는 훌륭한 작가이기도 했지만 고통받는 사람들에 대한 참을 수 없는 연민을 가진 사람이었다. 그는 확장된 자아감에 근거한 동포애와 인류애를 가진 사람이었다.

인류애는 살아 있는 현재 속에서 실천되어야 한다. 톨스토이는 그의 사상을 생활 속에서 힘 있게 실천한 사람이었다. 실천 없는 사상은 곧 무디어져 잊히고 만다. 현재만이 나의 사상과 생각을 실천하고 행하는 장이 되는 것이다. 미래라는 것은 신의 손에 있는 것이요 과거는 이미 흘러가 붙잡을 수 있는 것이 아니다. 내가 선택하고 붙들 수 있는 것은 과거도 아니고 미래도 아닌 오직 지금 여기의 현재뿐이다. 생명은 현재에만 있고 내가 선택하고 행할 수 있는 기간은 현재인 것이다. 과거는 나의 추억 속에서만 진행형이고, 미래는 전혀 알 수 없는 신의 영역인 것이다. 우리 인간은 현재를 충실히 살아갈 뿐이고 미래에 펼쳐질 결과는 오직 신께 달려 있는 것이다. 그러므로 인간은 시간 시간을 충실히 보내야 할 의무가 있다. 하루하루를 나에게 더 할 수 없는 예술로 승화시킬 것인가? 아니면 오점과 오류로 점철된 시간 때우기로 현재를 무의미하게 보낼 것인가는 순전히 자아의 역할이고, 몫이다. 날짜를 세고 시간을 세는 이유는 현재를 잘 응시하여 생각대로 행하는 삶의 실천을 위해서이다.

톨스토이 이야기가 주는 함의는 무엇인가?

세상에서 가장 중요한 순간은 언제인가? 바로 지금이다.

세상에서 중요한 사람은 누구인가? 바로 지금 내 앞에 있는 사람이다.

세상에서 가장 중요한 일은 무엇인가? 바로 지금 내 앞에 있는 사람을 위해 가장 최선을 다하는 것이다.

자녀에게 지금 여기를 최고로 즐기는 엄마가 되자. 엄마가 지금, 여기, 현재의 삶에 주인이 된다면 자녀도 선한 영향을 받을 것이다.

07 고급 정보는 암송하게 하라

충무공 이순신 장군을 임금님에게 추천한 사람은 서애 유성룡이다. 유성룡은 사람을 보는 안목, 그 사람의 장점을 볼 줄 아는 '보는 눈'을 가지고 있는 사람이었다. 유성룡의 이런 능력은 어디에서 온 것일까? 고급 정보를 암송했기 때문이다. 사람은 정보로 사고하고 사고로 행동한다.

유성룡은 청소년기에 뜻을 세우고 절에 들어갔다. 다름 아닌 글공부에 전념하기 위해서 세속의 일체 잡음을 끊고자 한 것이다. 그는 절에 머무는 몇 달 동안 《맹자》만 스무 번이나 읽으면서 처음부터 끝까지 암송했다. 또 집에 돌아와서는 《춘추》를 서른 번도 넘게 읽었는데, 이때부터 문장 짓는 법과 사람을 알아보는 능력을 소유하게 된 것이다. 좋은 책에는 고급 정보와 세상을 살아가는 여러 가지 지혜가 담겨 있다. 그것을 암송하게 되면 내적 질서가 확립되어 마음의 혼란을 막아 줄 수 있다. 암송은 힘이 세다. 말을 하기 전에는 내가 말을 만들어 내지만, 말을 마음에 새기면 그 말, 즉 내면화된 말이 나를 이끌고 간다.

인디언 금언에도 어떤 말이든지 만 번을 말하게 되면 반드시 미래에 그 일은 이루어진다는 말이 있는 것처럼 말은 힘이 세다. 말이 뇌에 새겨지면 그 말이 잠재의식에까지 침투하여 잠자던 거인(잠재력), 즉 무의식 에너지를 인출해서 쓰게 되는 것이다. 암송하는 것은 내가 한 말을 내면화하는 것이다. 내면화된 말은 문제의 해결 방법을 찾고 행동하게 된다. 이선재 교장의 '양원주부학교'는 암송으로 유명한 학교이다. 양원주부학교에서는 초·중·고등과정을 각각 1년에 마치게 하고 졸업생 거의 대부분을 대학에 진학시킨다고 한다. 일반 사람들이 보면 상식적으로 불가능하다. 그러나 그 비결은 암송에 있다. 양원주부학교에서는 영어를 통문장으로 외우게 한다고 한다. 그렇게 하다 보니 6개월 정도면 외국인들과도 '프리 토킹'이 가능하다고 한다.

이반 일리히는 "보통의 적성과 학습의욕을 가지고 있는 학생이 만약에 이러한 전통적인 방법(반복 암기)의 교수를 받게 된다면 2~3개월 만에 습득할 수 있는 기능은 많이 있다."라고 하였다.

우리 조상들도 암송을 즐겨 했다. 우리 조상들은 무슨 뜻인지 모를 때는 그 음을 정확히 몇백 번 암송하고 외우다 보면 그 이치를 꿸 수 있다고 하였다. 아이들을 언어의 음소를 어른보다 잘 파악한다. 예를 들면, 말의 기본 소리가 되는 음소 중 파, 바를 구별하는 능력이 어른보다 더 정확하다는 것이다. 천자문을 노래처럼 암송하고 부르다 보면 모르는 뜻도 알게 되고 몸으로 체화되는 학습을 하게 된다는 것이다. 이 무슨 뚱딴지 같은 소리일까라고 생각하는 엄마들도 있겠지만 우리 조상들의 학습법은 이와 같이 몸 따로 머리 따로 공부한 것이 아니라 머리로 이해하고 입으로 암송하고 몸을 음률에 맞추어 리듬감 있게 움직이면서 공부한 것이다. 앎과 몸의 조화로 체화된 지식인 것이다. 명시적 지식이 아닌 암묵적 지식, 즉 뇌와 몸에 새기는 지식인 것이다. 그러므로 이런 지식은 힘이 세다. 실천하는 지식인 것이다. 정약용도 선비의 글 읽는 소리의 낭랑함과 고상함에 대해 깊이 공감하고, 이 세상에서 가장 맑은 소리는 글 읽는 소리라고 했다. 어떤 지식이든 음률감을 갖고 암송하게 되면 장기기억에 더 쉽게 저장된다.

정교하고 복잡한 교수법이 과학적이고 현대적이라고 맹신하는 엄마들이 늘어나고 있다. 중요한 것은 기자재의 복잡성이 중요한 것이 아니고 지식을 잘 다룰 수 있는 두뇌가 더 중요한 것이다. 외국어를 익히거나 웬만한 공부를 할 때는 그 학문의 상징체계를 습득하고 상징체계들이 상호작용한 기본 텍스트를 암송해야 한다. 학문은 서로 연결될 때에 의미가 있는 것이다. 분리된 산발적 지식은 목걸이가 아니라 하나의 구슬일 뿐이다. 구슬도 꿰어야 보배이다. 전공하는 학문에서 열매를 맺으려면 기본적 지식과 배경지식에 충실할 때 가능한 일이다. 이것을 무시하면 창의성도 문제해결력도 비판적 능력도 나올 수 없게 된다. 그러므로 최초의 출발점은 어떤 과목이든 기본지식을 암송해야 한다. 암송하면 지식을 자신의 것으로 소화하는 능력에 독특한 자신만의 해석체계가 더해져 새로운 문제해결력이 생성된다.

08 긍정의 셀파는 긍정의 파동을 만든다

네팔에 있는 산 히말라야의 에베레스트를 최초로 정복한 사람은 누구일까? 여러분이 다 아는 것처럼 에드몬드 힐러리이다. 힐러리가 정상을 정복할 수 있었던 것은 옆에서 도와준 사람이 있었기 때문이다. 바로 네팔 사람인 텐징 노르가라는 세르파이다. 등반가가 산에 오를 때 정상에 오를 수 있도록 짐을 들어 주는 보조자인 세르파가 없다면 등반가는 산을 정복할 수 없다. 유명한 등반가 뒤에는 보이지 않지만 늘 짐을 날라 주고 어려움을 함께하는 세르파가 있는 것이다.

자녀의 인생길에서 긍정의 세르파인 친구를 만나는 것은 얼마나 큰 행운인가? 유유상종이라는 말이 있다. 비슷한 정기가 있는 아이들끼리 만나고 그룹을 형성하게 되는 것이다. 좋은 친구를 만나게 해 주려면 내 자녀를 긍정의 파동이 몸에 배게 해야 한다. 긍정의 세르파로 몸을 소통하게 해야 한다.

자녀에게 위인전을 읽게 하자. 위인들은 긍정적 세르파의 달인들이었다. 그들은 위험이나 역경이 없는 어린 시절을 보낸 것이 아니라 마음의 힘을 길러 역경을 극복해 낸 것이다. 위인들은 하나같이 정신적으로 긍정적인 상태였다. 새로운 방법으로 문제를 해결하고 부정적인 상황도 슬기롭게 극복한 것을 볼 수 있다. 위인들은 한 번도 자신의 상황을 비관하거나 굴복하지 않았고 자신의 상황에서 최선의 방법을 모색한 사람들이다.

자녀에게 아침 일찍 일어나 위인전을 읽게 함으로써 위인들의 긍정적인 심리상태를 모델링하게 해 보자. 위인들은 자신이 할 수 있는 일, 자신에게 있는 것을 활용한 대가들이었다. 위인전을 큰 소리로 읽다 보면 위인들의 정신적 파동이 자녀의 몸에 관통하게 된다. 목소리를 따로 훈련할 필요가 없다. 읽다 보면 목소리가 자연스럽게 트이게 된다. 어렸을 때부터 누군가를 닮아 가려고 하는가가 중요하다. 자신이 좋아하고 존경하는 사람의 삶을 모방하고 닮아 가려고 애쓰다 보면 어느새 좋은 습관이 내면화되는 것이다. 큰 소리로 읽는 것이 습관이 되다 보면 학교에서 발표할 때도 큰 소리로 또박또박 발표를 한다. 그러면 자신감이 생기고 자연스럽게 발표력도 좋아지게 마련이다. 어렸을 때부터 칭찬받게 되면 그 행동을 반복하게 되고 강화되어 굳어지게 된다. 좋은 글에는 좋은 파동이 있다. 좋은 파동을 몸에 새기다 보면 부정적인 글이나 공격적이고 감각적인 글들은 멀리하게 되는 것이다. 어렸을 때부터 좋은 사물과 좋은 글들을 마주하면 몸에 좋은 파동을 새기게 되어 저절로 선한 것을 분별하고 선택할 수 있는 능력을 뇌에 새기게 되는 것이다.

요즘은 자녀의 창의성을 키워 준다고 해서 굳이 권선징악적 가치를 심어 주지 않고 애매모호하게 동화의 내용을 흐리는 경우가 많이 있다. 그러나 자녀에게 불분명한 메시지는 위험하다. 성장한 어른들도 그런 종류의 글에서 자신의 비판적 태도를 가지고 변별하기가 어려운데 어린 자녀들이 좋지 않은 영향을 받게 되는 것은 자명하다. 긍정적인 것은 결과적으로 공공의 선을 추구하는 것이다. 나만 좋은 것이 아니라 공동체에 긍정적인 파동과 영향력을 행사하는 것이다.

09

천기天氣, 인기人氣, 지기地氣

인생은 천기天氣, 인기人氣, 지기地氣라는 세 가지 중에서 천기를 택하는 여행이다.

타인을 배려하는 사람은 가장 마음이 넓은 사람이다. 그런데 자신이 행복하지 않고 어떻게 남을 행복하게 할 수 있을까? 자신의 마음 그릇에 기쁨의 옹달샘이 퐁퐁 차오르지 않는다면 어떻게 타인에게 기쁨의 샘물을 흘려 주며 퍼 줄 수 있겠는가? 먼저 자신이 차 있어야 하고, 먼저 자신의 그릇으로부터 기쁨이 넘쳐야 한다. 그러려면 어떻게 해야 할까?

우리는 저 하늘나라로부터 여행 온 별들이다. 우리는 에너지 자체다. 에너지는 부정적으로 흐르면 '포스'로 변질된다. 에너지가 긍정적으로 흐르면 '파워'가 된다.

이 세상에서 우리에게 에너지를 주는 것은 세 가지다. 바로 지기地氣, 인기人氣, 천기天氣이다.

지기는 땅의 기운으로 생긴 모든 먹을 것, 입을 것, 마실 것 등이다. 인기라는 것은 사람의 기운으로서 사람이 줄 수 있는 존경, 존중, 찬사와 같은 것을 말하는데 이것을 추구하는 사람들은 정치인이나 연예인 등이다. 이것도 잘 사용하면 세상에 많은 도움을 주는 멋진 정치인이나 연예인이 될 수 있다. 좋은 영향력을 행사하는 사람들이 되는 것이다. 사람들의 인정을 받아도 그것에 초연할 수 있는 사람, 그리고 마지막에는 초연히 떠날 수 있는 사람이 되어야 한다. 인기에 연연하지 않아야 인기가 없어도 자신의 삶을 잘 살아갈 수 있는 것이다. 천기는 하늘의 힘으로서 이것을 긍정적으로 사용하고 부릴 수 있는 사람들은 선지자 혹은 성인이라고 한다. 그러나 이것을 자신의 사욕으로 채우는 사람들은 하늘의 악한 기운을 빌리게 된다.

하늘의 기운, 즉 천기를 받아 글을 쓰는 사람은 사람의 마음을 깨달음, 평화, 기쁨, 사랑, 이해, 포용, 자발성, 중용, 용기로 향하게 한다. 글, 말, 행동은 하나로서, 의사소통할 때마다 이들은 만나는 사람에게 긍정적인 하늘의 기운을 전파한다. 그러나 이와는 반대로 하늘의 악한 기운을 받은 사악한 자들은 글, 말, 행동을 통해 사람들에게 부정적인 포스를 전파한다. 그래서 이들의 글, 말, 행동을 받은 자들은, 분노, 욕망, 두려움, 슬픔, 죄책감, 수치심에 휩싸이게 된다.

부모로서 자녀들에게 보이지 말아야 할 책이 있다면 과감히 버리자. 어떤 책인지는 구체적인 예를 들지 않아도 부모 스스로가 잘 알 것이다.

글과 책은 작은 입자들로 구성되어 있으며, 다양한 수준의 파동으로 되어 있다. 그리고 정신적 작용도 입자이며 파동이다. 그러므로 파동 에너지를 잘 사용하여야 한다. 나의 핵심 파동이 부정적이고 다운되어 있다면 기쁨의 파동으로 전환하면 된다. 부모가 주로 사용하는 몸의 파동은 자녀에게 그대로 전해진다. 그래서 부모의 말과 생각의 회로가 그대로 '대물림'되는 것이다.

몸의 파동을 빠르게 바꾸는 방법은 무엇이 있을까? 노래와 음악, 웃음, 율동 등이다. 즐거운 노래, 동요, 클래식, 가요, 재즈 다 좋다. 기쁨의 리듬에 내 몸을 맡기면 건강해진다. 몸과 마음의 균형을 잃었을 때, 마음을 바꾸는 것보다 몸을 바꾸는 것이 더 쉬우므로 이럴 때는 몸을 움직여 보자. 음악을 들으며 가볍게 율동을 해 보자. 웃음과 노래가 저절로 나올 것이다.

지기, 인기, 천기 이 중에서 최우선의 하나를 택하라면, 당연히 천기를 택해야 한다. 왜냐하면 우리는 물리적이고 육체적인 존재이면서 정신적이고 영적인 존재이기 때문이다. 그러나 요즘은 너무나 쉽게 지기와 인기만을 추구한다. 추구하는 것에서 끝나지 않고 그것에 함몰되는 '자아'들을 보게 된다. 우리는 빵만 가지고 살 수 없는 존재들이다. 우리 자녀도 마찬가지이다. 마음이 움직이고, 마음이 시키는 대로 사는 사람들로 성장시키려면 먼저 부모가 돈과 물질 그리고 사람들에게 연연하지 않고 자신의 길을 가야 하리라. 인생은 짧고, 이룰 일은 많다. 그런데도 옆을 보며, 다른 사람을 보며 머뭇거리며, 서성대고 시간을 낭비한다. 하늘이 나에게 준 메시지, 오직 나만이 할 수 있는 일에 집중하는 것이 '하늘의 기운'을 받는 길이다.

| 데이비드 호킨스의 '의식 레벨표' |

구분	단계	LUX	의식수준	감정	행동
POWER	17	700~	깨달음	언어이전	순수의식
	16	600	평화	하나	인류 공헌
	15	540	기쁨	감사	축복
	14	500	사랑	존경	공존
	13	400	이성	이해	통찰력
	12	350	포용	책임감	용서
	11	310	자발성	낙관	친절
	10	250	중립	신뢰	유연함
	9	200	용기	긍정	힘을 주는
FORCE	8	175	자존심	경멸	과장
	7	150	분노	미움	공격
	6	125	욕망	갈망	집착
	5	100	두려움	근심	회피
	4	75	슬픔	후회	낙담
	3	50	무기력	절망	포기
	2	30	죄의식	비난	학대
	1	20	수치심	굴욕	잔인함

10 자기 모니터링의 성과 (너 자신을 알라)

인간의 아이큐가 130이라고 한다면 그중에서 자신을 볼 수 있는 지능은 고작 13이고 남을 볼 수 있는 비판력은 13,000이라고 한다. 이와 반대라면 세상은 얼마나 아름다울까?

필자도 어쩔 수 없는 직업병을 가지고 있다. 교사들이 어쩔 수 없이 갖게 되는 '직업병'은 바로 지적하는 습관이다. 자신을 반성하지 않고 귀신같이 타인을 향해 지적을 한다. 이젠 '지적'을 멈추고 싶다. 남편과 내 아이, 제자들이 아파하고 있을 때 나는 사랑이라는 이름 하에 그들에게 지적을 해댄다. 정말 고치고 싶다. 그런데 오늘도 또 나는 지적을 했다. 이런 날은 강의를 하거나, 글을 쓰는 나 자신의 정체성이 흔들린다. '도대체 이런 내가 자격이 있을까?' 하고 나 자신에게 반문해 본다. 모두 토끼처럼 빠를 수만은 없건만……. 그들에게 진정으로 필요한 것은 위로이고, 그리고 기다림이었다. 그런데 나는 그들을 따뜻하게 위로도 하지 않았고, 기다리지 못하고 공장의 공장장처럼 성과와 인출만을 조급히 원했다.

나는 나 자신을 알고 싶다. 일찍이 소크라테스는 "너 자신을 알라"고 했다. 좋은 스승과 부모가 되지 못하는 이유는 자신의 결점을 고치지 않고 학생과 자녀들을 보이는 대로 보지 못했기 때문이다. 편견과 선입견을 가지고 그들의 능력을 내 마음대로 체크하고 적당하다고 생각한 과제를 내주었다. 내가 보고 싶은 대로 그들을 보았다. 보이는 대로 볼 수 있는 힘은 내적인 마음의 힘이다. 마음이 깨끗하다면 그들을 더 바르게 볼 수 있다. 나의 평가나 사회의 잣대가 아닌 그들 자신이 될 수 있는 모습으로 말이다. 나는 어떤 편견을 가지고 있다. 그러나 스스로가 편견을 가지고 있다고 인식하게 되면 그렇게 하지 않으려는 시도를 하게 된다.

베이컨도 이 편견에 대해 고민했으리라. 그렇기에 그도 우상이라는 개념으로 편견의 유형을 나누고 편견에 빠지지 않도록 경고하고 있다. 종족의 우상, 동굴의 우상, 시장의 우상, 극장의 우상이다. 종족의 우상은 인간의 관점에서 해석하는 것이다. 자신의 잣대로 학생들을 평가하고 판단하는 것이다. 동굴의 우상은 개인 차원의 편견으로서 교육, 경험, 성격에 따라 달라지는데 자신이 겪은 경험이 전부인 것처럼 자신의 경험에 의지해 판단하는 것이다. 시장의 우상은 언어의 잘못된 사용으로 오는 혼란과 편견을 말한다. 극장의 우상은 전통이나 권위를 무조건 따르면서 그들의 규칙이나 철학을 무비판적으로 수용하는 태도를 말한다. 이 밖에도 부모들이 자녀에게 갖게 되는 편견의 원천은 많이 있다. 특히 낮은 기대를 갖고 있을 경우 부모는 다음과 같은 행동을 보인다. 어떤 단서를 주거나 다시 대답해서 정답을 맞힐 수 있도록 배려하지 않고 기회를 차단한다. 느긋하게 기다려 주지 못하고 포기하는 경우이다. 교육과 일상생활에서 얼마나 많은 수월성을 요구하는가?

> 21세기 사회는 규율 사회에서 성과 사회로 변모했다.
>
> 출처: 한병철(2011). 《피로 사회》

적게 투자하였음에도 불구하고 더 많은 대가와 보상을 원하는 성과 시대를 살고 있는 우리는 자녀에게도 많이 기다려 주지 못하고 조급하다. 조급증은 아이들에게 많은 정신적 피해를 준다. 조급증 때문에 자녀들은 섬세함과 느림의 미학, 자세히 관찰하고 느긋하게 즐기는 방법을 잃어버리고 산다. 그러면서도 부모들은 자녀들이 그림을 그릴 때는 자세히 오래 관찰하라고 요구한다. 그런 능력을 길러 주지도 않고 섬세함을 뽑아 내는 자판기처럼 뚝딱 나올 수 있는 도깨비 방망이로 알고 또 요구한다. 섬세하라고……. 자녀는 부모의 요구대로 변하는 '도깨비 방망이'가 아니건만 늘 정답만 요구한다.

부모는 높은 기대를 하는 자녀보다 낮은 기대를 하는 자녀에게 적절한 강화 방법을 사용하지 않는다. 즉, 학습에 성공했을 때는 적게 칭찬하고 학습에 실패했을 때는 더 많이 야단을 친다. 부정적인 상황에만 초점을 맞추고 거기에서 벗어나지 못한다. 이렇게 하면 자녀는 더 많은 스트레스를 받지 않기 위해서 자존감을 낮게 지각한다. 부모가 만들어 준 장막에 갇히게 되는 것이다. 장막을 뛰어넘게 하려면 지적은 멈추고 긍정적인 것, 현실을 초월할 수 있는 가능성과 잠재력에 초점을 맞추어야 한다.

11 상호작용은 양방향이다

모든 관계는 일방향이 아니고 양방향이다. 교사는 당위성을 갖고 학생을 이끌어 주어야 하는 인격체가 되어야 한다. 다른 한편으로는 교사도 감정을 가진 사람이기에 자신이 가르치는 학생이 예의를 갖추고 대해 주면 더욱 마음이 가기 마련이다. 엎드려 자는 학생에게 계속 관심을 갖고 질책할 것인가? 아니면 무관심해야 하는가? 어떻게 해야 할까?

그래서 진정한 스승과 제자 사이는 양방향이라고 볼 수 있다. 양방향이기에 서로 상처를 내지 말아야 한다. 스승과 제자와의 관계는 최악의 관계에서부터 최고의 아름다운 관계에 이르기까지 참으로 다양하다. 필자가 보기에는 관계가 계속 유지되기 위해서는 잘 깨지기 쉬운 마음을 배려하고 마음을 주의해서 바라보아야 할 것이다. 서로의 마음에 신뢰가 쌓이기까지 마음이 깨지지 않도록 마음 취급 주의가 필요하다.

공자는 제자를 받아들일 때 그들의 출신 성분을 따지지 않았다. 전직이 의심스러웠던 (동네 깡패 혹은 왈짜패였던) 자로를 제자로 받아들였다. 모르긴 몰라도 혹여 어지러운 세상에 가드로 쓰려고 한 것은 아니었을까? 자로는 그러한 역할에 어느 정도 충실하였다.

어느 날 공자는 "자로 같은 자는 제 명에 죽지 못할 것이다"라며 제자들 앞에서 자로의 혈기 있는 행동에 대해 비판을 하였다. 그런데도 자로가 스승의 말에 마음을 다쳐서 공자와의 관계를 소홀히 하지 않았다. 스승과 제자 사이에 신뢰가 있어야만 가능하다. 요즘 같은 세상에 제자에게 이런 말을 했다가는 '언어 폭력 교사'로 낙인 찍힐 것이다. 서로 상호작용하고 소통한다는 것은 바로 이런 것이다. 신뢰를 바탕으로 진심 어린 충고와 지적 안에 흐르고 있는 스승의 본 마음을 읽는 것이다. 스승의 지적을 단지 피상적으로 받아들이기 때문에 마음의 상호작용 수준이 낮은 것이다. 제자 자로는 표면적인 것을 본 것이 아니라 이면적인 스승의 마음을 읽었기에 서운함보다 고마움이 더 컸을 것이다. 신뢰관계가 전제되어 있다면 쓴소리나 질책도 약이 된다.

스승의 말 한 마디가 얼마나 제자에게 큰 영향을 미칠 수 있는지는 우리가 짐작하기 어렵다. 제자의 삶에 방향을 전환해 주고 큰 변화를 갖게 하는 출발점에는 스승의 인정의 말이 있다. 스승의 인정의 말에는 사회적 인정과 칭찬의 말이 있다.

미국 뉴욕에 살고 있던 '토마스 호빙'은 프리스턴 대학생이었다. 호빙은 대학에서 나쁜 성적으로 퇴학당할 지경이었다. 그는 자신감도 없어졌고 의기소침했으며 심한 불안감을 느꼈다. 호빙은 학교를 그만두기 전에 한 강좌만 더 듣는 시도를 했다. 그 강좌는 상류층을 대상으로 하는 조각 세미나 과정이었다. 강의 첫째 날 교수님은 반짝이는 금속 물체를 단상 위에 올려놓았다. 그리고 학생들에게 금속 물체의 예술적 가치를 평가해 보라고 말했다. 그러자 우등생이 이렇게 말했다.

"금속 물체에는 아름다운 곡선이 살아 있습니다."

또 다른 학생이 고급스러운 말투로 말했다.

"동그라미의 조화가 느껴집니다."

다른 학생들도 금속 물체에 대한 찬사를 쏟아냈지만 토마스 호빙만은 예외였다. 호빙은 이렇게 말했다.

"너무 기계적이고, 도구의 느낌이 납니다. 지나치게 기능적인 특징이 있는 것으로서 예술 작품이 아닙니다."

사실 금속 물체는 예술 작품이 아니라 산부인과에서 쓰는 검경이었다.

그날 이후로 토마스 호빙의 인생을 가로막는 심리적 장벽은 아무것도 없었다. 그는 그날 이후 다른 삶을 살게 되었다. 자신감 가득한 삶을 시작하게 되었다. 그는 뉴욕의 메트로폴리탄 미술 박물관의 큐레이터가 되었다. 그는 조각 세미나 강좌로부터 인생에서 가장 소중한 것을 얻었다. 그것은 바로 자신감이다. 탁월한 예술적 감각, 예술에 대한 심미적 장점을 판단하는 능력에 대한 전적인 자신감이 큐레이터 세계에서 인정받게 되었던 것이다. 학업을 포기하기 직전에 들었던 조각 세미나 수업에서 그는 낙관적인 사람이 되었다.

스승의 인정과 사회적인 칭찬은 소중한 경험이고 자산이다. 의미 있는 타인의 인정은 자신감을 극적으로 상승시킨다. 마음의 책갈피에 꽂아 놓은 '행운의 네 잎 클로버'인 셈이다.

자녀에게 '행운의 네 잎 클로버'처럼 인정의 말을 많이 해 주자. 그래서 좌절의 날에도 또는 힘든 날에도 마음의 책갈피 속에서 꺼내 볼 수 있는 자원을 저장해 둘 필요가 있다.

12 스승은 있다

스승과 제자는 수신자와 송신자의 관계이다. 스승은 우연히 만날 수 있는 것이 아니라 자신이 다리품을 팔아 만나야 한다는 것이다. 능동적으로 찾아가 만나는 것이다. 필자도 스승을 만나기 위해 열정을 다해 다리품을 팔았다. 스승의 큰 정신과 만나기 위해 다리품을 팔 수 있는 열심을 들여야 한다. 교육에서 수신자와 송신자 중 누구의 태도가 더 중요하게 작용할까? 물론 수신자와 송신자가 다 중요하다. 상호작용의 질이 높으려면 말이다. 그러나 더 중요한 것은 받아들이는 사람, 즉 송신자이다. 발아될 수 있는 교육의 씨앗을 심는 것은 수신자의 몫이다. 그러나 씨앗을 받아들이는 마음, 즉 하늘에서 내리는 비를 받아들이지 못하는 땅이라면 씨와 비는 아무런 기능을 하지 못한다.

스승의 가르침보다 선행되어야 할 학습의 기본 자세와 태도는 학생의 마음 자세이다.

학생의 마음은 네 가지 마음으로 나눌 수 있다. 정서적으로 산만한 마음, 불안과 의심의 마음, 혼란스러운 마음, 안정된 마음이다.

우선, 정서적으로 산만한 마음은 집중하지 못하고 이것저것 잡다한 생각으로 마음이 가득 찬 상태이다. 그래서 정서적 안정이 필요하고 이를 위한 치료가 필요하다. 두 번째, 불안과 의심의 마음은 사람에 대한 기본 신뢰가 깨어진 상태로서 교사에 대한 신뢰와 믿음을 쌓아 가는 것이 공부를 하기 위한 첫 번째 관문이다. 세 번째, 혼란스러운 마음은 자신의 내부 마음보다는 외적인 환경에 더 많은 관심을 갖는 상태이다. 이런 자녀는 자신의 내부를 고요히 들여다볼 수 있는 명상과 기도, 묵상 등의 수행이 필요하다. 마지막으로, 공부하기에 가장 적절한 마음은 바로 안정된 마음이다. 안정된 마음을 가질 때 스승의 말에 집중할 수 있게 된다. 스승의 가르침에 귀 기울이고 무엇인가 깊이 생각하고 결정적으로 하늘의 비와 같은 말들을 흡수해 마음을 촉촉하고 부드럽게 만들어야 지식인 씨앗이 잘 자랄 수 있는 것이다.

부모의 경제적 지지, 정서적 지지, 사회적 지지는 교육적 배경이 된다. 교육의 전경에는 주인공인 자녀가 있고 배경에는 부모의 후원이 있다. 자녀는 어린 묘목이기에 부모의 교육적 환경을 모두 의식적, 무의식적으로 모방하며 학습한다. 몸으로 받아들이는 체험적 지식이 되는 것이다. 체험적 지식은 오랜 시간에 걸쳐 몸으로 체득하여 누적된 지식이지 하루아침에 이루어지는 것이 아니다. 좋은 습관이든 나쁜 습관이든 40살까지는 부모의 영향력이 가장 크다고 볼 수 있다. 어린 묘목에 해당하는 자녀에게 독소이든 영양분이든 모두 그대로 전염되고 전이된다. 모두 자녀를 지원하게 되는 교육적 배경이다.

부모의 지적인 특징도 연계가 되지만, 그중에서도 특히 정서적 특징은 연계가 더 잘 된다.

나의 스승에 대한 정서적 태도는 어떠한가? 의심, 불안, 비판적 태도인가? 아니면 존경과 신뢰의 눈을 가지고 스승을 대하는가 점검해 보아야 한다. 교육의 출발점은 스승을 대하는 몸가짐이나 태도에서 출발한다. 부모가 매일 스승과 교사를 비판하면 자녀도 같은 말과 같은 정서를 유지하게 된다. 그렇게 되면 교육에서 성공하기 어렵다. 스승은 비판의 존재와 대상이 아닌 존경의 존재이며 대상이다. 몰지각한 교사는 만에 하나이다. 가끔 신문에 보도되는 부정적인 교사의 모습은 진실이 왜곡된 경우도 있고, 사실이라 하더라도 극히 일부에 지나지 않는다.

교육에서 많은 문제는 교사를 불신하는 데서 파생되는 문제다. 너무 원론적으로 볼 수도 있겠지만, 스승을 믿어 주고 신뢰한다면 웬만한 문제는 다 해결되리라 생각한다. 필자가 운이 좋아서 그런지 지금까지 만난 교사와 스승들은 다 좋은 분들이셨다. 내가 먼저 맞춰 드리면 다 좋은 선생님이라 여겨질 텐데, 선생님을 나에게 맞추려고 하니 충돌하게 되는 것이다. 선생님으로서 교육적 카리스마가 없다면 줏대가 없는 교사다. 그런 선생님을 원하는가? 교육적 상황과 교실 상황에서 선생님은 매일매일 많은 상황을 판단한다. 대부분 전문가로서 옳은 판단을 한다. 그렇게 선생님을 신뢰할 때 자녀를 학교에 보내는 부모도 마음 놓고 행복할 수 있다. 현재 학교의 교육적 환경과 복지는 최고의 상태다. 점심 반찬도 집보다 월등히 맛있고 과학적 진단에 의한 영양분을 제공한다. 엄마로서 대만족이다.

첫 번째 단추가 잘못 끼워지면 다음 단추도 어긋나는 것이 세상의 이치이다. 그렇기에 스승을 바라보는 시선과 시각을 바르게 하면 교육의 많은 문제점과 오류를 바로잡을 수 있을 것이다. 스승을 믿어주고 신뢰할 때 교육적 성과를 낼 수 있다.

13 스승의 날을 맞이하며

"보통의 선생님은 말을 할 뿐이고, 좋은 선생님은 설명을 하고, 훌륭한 선생님은 몸소 보여 주고, 위대한 스승은 영감을 준다"라는 말이 있다.

필자는 지금까지 공부를 하면서 스승님들에게 무엇을 얻었는가?

필자가 교수님들과 함께하면서 몸으로 터득하여 얻은 가치는 다음의 세 가지이다.

첫 째는 기본에 충실하라.

두 번째는 배운 이론적 지식을 현실, 즉 너의 삶에 적용시켜라.

세 번째는 네 꿈을 믿어라.

이 세 가지는 생각 주머니에 넣은 지식이 아니라 뇌에 새긴 것이고 몸으로 터득한 것이다.

기본기가 없는 학생은 지적을 더 많이 받는다. 스승의 열정 어린

지적이 없었다면 나는 기본기도 갖추지 못했으리라. 그때는 몰랐다. 미워서 지적하신 게 아닌데 내 할 말을 다 했다. 지금 생각해 보니 필자는 버릇없는 학생이었다. 관심 있으셔서 사랑으로 하셨는데, 나는 그것을 오해하고 많이 서운해했다. 그때의 지적이 없었다면, 지금도 지름길, 빠른 길만 탐색하고 있을 것이다. 지금은 기본에 충실하려고 노력하고 있다.

임성택 교수님의 가르침을 언제나 기억하고 있다. 글을 쓸 때 대충 쓰고 고치기 싫을 때 나의 기본기를 지적하신 말씀을 되새긴다. 그리고 필자의 부족한 책을 받으시면서 "수고했네"라고 하신 말! 최고의 칭찬으로 마음에 새기고 있다. 그리고 마지막 수업 시간에 하신 '기록하는 자'에 대한 말! 이순신은 난중일기를 통해 그 당시를 생생하게 보여 주고 있다고 하셨으며, 기록하는 자의 의무와 힘에 대해 언급해 주셨다. 그분은 학자로서 너무 깨끗하고 양심적이었다. 외국 박사 출신이면서도 한번도 유학에 대한 자랑을 하신 적이 없으셨으며, 영어에 대한 지식도 넓고 크면서 내색하지 않으셨다. 지금은 그분의 수업이 무척이나 그립다.

필자의 지도교수셨던 안범희 교수님의 위대한 점은 이상적 가치나 이론을 현실에 적용시켜서 설명해 주신다는 점이다. 딱딱한 이론도 현실에 적용시켜서 설명해 주신다. 그래서 심리학적 지식이 마치 우리의 현실로 다가오는 것 같았다. 이론을 현실 상황에서 실천하게 해 주신다. 정신적 차원이 높은 학자임에도 제자들을 위해 쉬운 말로 번환해서 풀어 주신다. 학문을 현실과 유리되지 않게 적용시키는 힘과 내공이 있으시다. 그리고 강의 중간중간 문학 표현과 예술을 적용시켜 주신다. 교수님은 문학과 예술의 힘을 사용하신다. 참고로 말하면, 고문당한 사람의 마음을 치료할 수 있는 유일한 길은 예술뿐이라고 한다. 대학원생 중에 실제로 고문당한 사람이 있었던 것은 아니지만 대부분이 대학원 공부에 상당한 스트레스를 받고 있었다. 그런 우리에게는 안 교수님의 수업 시간이 심리적으로 힐링 받는 시간이었다. 그래서 필자도 스펀지에 물이 배듯이 스승님의 표현과 적용력을 닮아 갔다. 가장 경이로웠던 강의 기술을 내 것으로 조금이나마 가져올 수 있었다. 그리고 스승님의 가장 위대한 점은 생활인으로서 긍정심리를 실천하시고 있다는 점이다. 늘 웃으시고 긍정에너지가 넘치신다.

또 한 분 필자가 존경하는 이종각 교수님은 '꿈의 가치'를 일깨워 주셨다. 사람은 쌀독에 쌀이 떨어져서 죽는 것이 아니라, 꿈이 없어서 죽는 것이라고 말씀하시면서 마음속의 소중한 꿈을 일깨워 주셨다. 일상의 일들로 꿈이 시들어 갈 때마다, 포기하고, 안주하고 싶을 때마다 이 말을 기억하게 된다. 고무줄 빠진 바지처럼 늘어진 시간을 낭비하고 있을 때 이 말을 떠올린다. 벌침처럼 내 영혼을 쏠 수 있는 '꿈의 가치'를 다시 한 번 되새긴다. 꿈은 행동의 방향성을 설정해 주고 시간 활용을 잘할 수 있도록 도와준다.

세 분 스승님을 통해 학문과 글쓰기의 기본기를 다졌고, 이론에 대한 현실 적용, 그리고 꿈의 소중함을 내 것으로 가져올 수 있었다.

나는 세 분 스승님들의 학문적 장점을 내 것으로 하고 싶었고, 어느 정도는 가능했다. 그분들을 닮아 가려고 노력하다 보니 세 분의 '정권 지르기'를 제자인 나 역시도 닮아 가고 있었다.

14 운명을 수용하기 그리고 사랑하기

이 세상의 천재는 두 종류가 있다. 타고난 천재와 만들어진 천재이다. 타고난 천재의 대표적인 예는 모차르트이고 만들어진 천재는 베토벤이다. 만들어진 천재였던 베토벤은 일시적으로 자신의 운명에 좌절하기도 했다. 그는 조악한 보청기에 의지했다. 1700년대의 보청기가 얼마나 성능이 떨어졌을까? 음악가는 미세한 음도 분별하고 지각하는 음감각이 발달해 있다. 조악한 보청기 때문에 그는 얼마나 힘들었을까? 그는 자신의 운명에 굴복하지 않았다. 그는 다시 일어났다. 이미 음악적 상징체계를 숙달한 그는 물리적 음은 거의 상실했지만, 천 개나 되는 정신의 눈으로 그리고 마음의 눈으로 들을 수 있었다.

매일매일 노력해도 성과가 나타나지 않고 제자리를 맴돌 때는 어떻게 해야 하는가? 범인에 불과한 필자는 매일매일 낙담하고 실망하고 슬퍼하고 애통해한다. 오! 참을 수 없는 감정의 가벼움이

여……. 봄의 꽃을 찬미하다가도 금방 꽃가루를 원망한다.

마음이 상실되어서 시도할 수 없을 때 힘을 준 시! 훌륭한 시인이나 성인들은 이런 허무나 고통, 혼란이 전무했을까? 아니다. 그들도 있었다. 그러나 오뚝이처럼 다시 일어났다.

고 김대중 대통령은 감옥에서 사무엘 울만의 〈청춘〉이라는 시를 읊으면서 현실의 고난을 극복했다. 정약용의 제자였던 시인 황상도 스승의 글을 황금보다 귀하게 여기며 살았다. 자신에게 힘을 주는 글을 하나쯤 갖는 것이 좋다. 자신의 현실을 극복할 힘과 용기를 주는 글을 가까이에 두고 자주 읽는다면 현실 상황을 보며 낙망하지 않는다. 다시 일어날 힘이 생긴다.

필자가 아주 귀하게 생각하며 자주 보는 글은 채제공의 글이다. 남이 알아주지 않을 때, 실망했을 때, 노력하지 않고 안일해지려고 할 때 나를 채찍질하는 내용이다.

그러나 타고난 재주가 뛰어나다 할지라도, 성실하게 애쓰지 않는다면 또한 타고난 자질을 완전히 드러낼 수 없다. 하늘은 뛰어난 재주를 지닌 사람을 세상에 내보내지만, 반드시 중년에 어려움을 겪도록 한다. 타고난 탁월한 재주를 자기 한 몸의 부귀영화와 출세에다 쏟지 못하도록 하기 위해서다. 그러한 어려움을 겪은 다음에야 정교하고 치밀하게 뜻을 세우고 내업을 이루어 유종의 미를 거둘 수 있다. 그가 겪은 어려움은 하늘이 미워해서가 아니라 아끼고 보호하기 위해서이다.

출처: 한정주(2007). 《조선 지식인의 글쓰기 노트》

이 글은 마치 성공의 공식 같다. 역사를 통해서 보면, 사마천의 삶도, 정약용도, 베토벤도 그러했던 것을 알 수 있다. 잠시(혹은 장기) 고난을 주는 것은 하늘이 그를 미워해서가 아니라 그 사람을 통해서 큰 일을 하기 위해서 마음의 그릇을 넓히는 것이다.

필자는 타고난 재주도 없고, 이렇다 할 배경도 없어서 인생길을 걸을 때 울퉁불퉁 비포장도로를 무거운 배낭을 메고 걷는 듯했다. 어느 때는 너무 힘들어서 무거운 배낭을 내려놓고 도망쳐 버리고 싶었다. 때로는 걷기를 멈추고 길 옆에서 잠을 자기도 했고, 신세한탄도 했고, 가슴을 치며 울기도 했다. 그러나 내 곁에는 '다시 한 번 시도하라'고 일깨워 주는 책이 있었고, 같이 울어 주는 가족이 있었다. 그래서 다시 일어설 수 있었다. 원하는 것을 이루기 위해 힘써 노력해서 얻은 경우이다.

세기의 천재들도 불운과 마주쳤을 때 용기를 잃지 않으려 했는데 범인에 불과한 필자가 매일매일 더 노력하고 인내하고 또 인내해야 함은 당연한 것이다. 마지막 말에 위로를 받지 않는가? "그가 겪은 어려움은 하늘이 미워해서가 아니라 아끼고 보호하기 위해서이다." 이 말 때문에 다시 힘을 얻을 수 있다. 소질이 부족하다면 자신의 열정지수를 올리면 된다. 소질이 50이라면 열정지수(노력)를 50으로 올리면 된다. 소질이 30이라면 열정지수를 70으로 올리면 될 일이다. 필자 또한 소질이 30이라 열정지수를 70으로 올리려고 노력한다. 노력할 때 더 많은 시간을 투자하고 집중을 더 많이 하게 된다.

윌리엄 어니스트 헨리의 〈정복 불능Invictus〉이란 시를 참고해 보자. 다시 시도할 힘을 얻게 될 것이다. 자녀의 머리말에서 이 시를 읽어 보고 이야기해 보자. 자녀도 오뚝이처럼 다시 일어날 것이다.

15 이별에 대한 승화는 시를 통해서

누구나 관계를 통해서 플러스만을 얻는 것은 아니다. 때로는 부모조차도 상처를 줄 수 있다. 그래서 일찍이 관계에 대해 적절한 기대를 하는 것이 좋을지도 모른다. 타인에 대한 기대감을 낮추면 마음이 편안해진다.

루즈벨트 대통령의 부인이었던 엘리너 루즈벨트는 어린 시절의 상처로 인해 관계에 대한 기대감을 낮췄다. 엘리너가 타인의 부족분을 받아들여 이해한 점은 세 가지다.

첫째, 나는 매력적이지 않다.

둘째, 누구의 애정도 계속 지속되지 않는다.

셋째, 내가 의지하는 사람들조차도 나를 실망시킬 수 있다.

상처와 상실 앞에서 망연자실하고 놀라고만 있을 것인가? 자신의 일에 집중하는 법을 배울 것인가?

상처와 상실을 당하게 되면 지위고하를 막론하고 누구든 힘들다. 그러나 훌륭한 사람들은 범죄자, 퇴행자, 보통 사람들과는 다른 대처 방법을 선택한다. 보통 사람들도 그들의 대처 전략을 벤치마킹하면 인생의 장애물을 더욱 빨리 그리고 출혈을 적게 하고 넘어가거나 극복할 수 있다. 의식 수준이 낮은 사람들은 문제의 원인을 자기에게서 발견하기보다는 타인에게 전가한다. 스스로 변화할 수도 없을 뿐더러 문제를 온통 타인에게 전가한다. 그래서 어린 시절과 같은 '퇴행' 행동을 하거나, 분노의 화살을 타인을 괴롭히는 데 사용한다. 그들은 내적 에너지를 타인에게 쏟는다. 그러나 보통 사람과 훌륭한 사람들의 공통점은 상처와 상실 속에서도 무언가를 한다는 것이다. 보통 사람들은 상황에서 주도적이거나 적극적이지는 않지만 고통이나 상실이 있음에도 현실을 회피하지는 않는다. 보통 사람들은 고통 속에서도 현실의 관계와 직업을 유지하기는 한다. 그러나 훌륭한 사람들, 즉 적응을 잘하는 사람들은 고통이나 상실의 상황에서도 대처 전략을 주도적으로 선택할 수 있다. 그래서 고통과 상실의 경험을 의미 있는 작품이나 성과물을 만드는 주 재료로 에너지화할 수 있는 것이다.

'상처받았을 때, 상처 준 사람에게 최고로 갚아 주는 것은 잘 살아 주는 것이다'라는 말이 있다.

필자의 아들 친구 중에 부모님의 이혼으로 엄마를 떠나보내고 분노와 그리움이라는 양가감정에 가득 차 있는 아이가 있었다. 어느 날 상처받은 아이를 초대하고 이렇게 말해 주었다.

"그래, 엄마는 엄마의 삶이 있으셨겠지! 엄마의 사정을 다 알 수는 없지만, 엄마를 미워하는 데 네가 많은 시간과 에너지를 허비하는 것은 너의 능력과 소중한 시간을 낭비하는 거야. 엄마도 널 사랑하셨던건 분명해. 하지만, 어른이라고 모든 어려움을 극복할 수 있는 것은 아니란다. 먼 훗날 다시 엄마를 만나게 될 때 멋진 사람으로 서기 위해서 오늘이라는 시간에 최선을 다하길 바란다. 아줌마가 좋아하는 최영미 시인도 사랑하는 사람을 떠내 보내고 아주 슬펐던 것 같아. 최영미 시인은 훌륭한 분이시잖아. 보통 사람과 다르게 자신의 정서를 승화시키고 있단다. 훌륭한 사람들도 인생에서 이별과 상실을 맞는 것은 보통 사람과 다를 바 없어. 다른 점이 있다면 이별조차도 아름답게 시로 표현할 수 있는 '보는 눈, 느끼는 눈, 생각하고 표현하는 눈'이 다르다는 것이지. 상처받은 마음은 냄비와 비슷한데, 냄비처럼 부글부글 끓는 자신의 정서를 잘 다룰 수 있는 사람만이 온전한 사람이야. 그것을 과하게 표현하면 주변 사람들이 불편해하고 힘들어한단다. 이제부터 엄마가 그리울 때마다 이 시를 읊어보지 않을래? 너의 아픔은 모든 사람들이 겪는 이별의 아픔이야. 그리고 인간이란 누구든 이별을 겪지 않는 사람이란 없어. 다만 네가 남들보다 조금 더 어릴 때 겪었을 뿐이야. 그래도 너는 언제가 엄마를 볼 수 있다는 희망도 있잖니? 엄마가 하늘나라로 간 친구들은 영영 만날 수가 없어서 마음속에서만 만나잖니? 그런 친구들에 비해서 넌 얼마나 행복하니? 시인도 이별의 아픔을 겪었기 때문에 이런 아름다운 시를 우리에게 남겼고……. 이별을 통해서도 우리는 뭔가를 얻을 수 있단다."

이렇게 말해 준 후 필자는 상처 입은 작은 새에게 최영미 시인의 시 〈선운사에서〉를 낭송해 주었다. 위로가 되었으면 하는 맘으로…….

꽃이
피는 건 힘들어도
지는 건 잠깐이더군
골고루 쳐다볼 틈 없이
님 한번 생각할 틈 없이
아주 잠깐이더군

그대가 처음
내 속에 피어날 때처럼
잊는 것 또한 그렇게
순간이면 좋겠네

멀리서 웃는 그대여
산 넘어가는 그대여
꽃이
지는 건 쉬워도
잊는 건 한참이더군
영영 한참이더군

출처: 최영미(1994). 《서른, 잔치는 끝났다》

16 외모와 마음 둘 다 중요하다

신은 마음을 보시지만, 보통 사람들은 겉모습을 많이 본다. 사람을 평가할 때 외모로 평가를 하면 그 사람의 진면목을 바르게 볼 수 없을 수도 있다. 심리학적 실험에 의하면 이성적이라 할 수 있는 법을 집행하는 법조인들조차도 범죄자의 외모에 따라 편파적으로 형량을 결정하는 데 영향을 미친다고 한다. 법조인들도 외모가 반듯하고 인상이 좋으면, 사기죄를 제외한 다른 모든 죄에서 형량을 적게 선고하는 법적 결정을 한다고 하니 하물며 범인들이야 어떠하리!

우리나라에서 성형수술은 이미 중년부인들에게도 유행병처럼 퍼져 나가고 있다. 이제는 보톡스를 맞지 않거나 성형수술을 하지 않으면 유형에 둔감한 사람이 되고 있다. 그만큼 우리는 영상 시대의 영향을 받아 보암직하고 먹음직한 맛있고 빛나는 것들에 미혹되어 있는 것이다. 이러한 세태에 익숙해진 부모의 '보는 눈'은 자녀에게도 그대로 전달된다.

무엇이 아름다운 것인가? 물론 필자도 외적으로 아름답고 고상한 것들을 좋아한다. 그러나 외적인 것만 보고 그 안에 무엇이 들어 있는지 살피지 못한다면, 큰 함정에 빠질 것이다.

어렸을 때부터 사물을 바라봄에 있어 외형보다는 그 사람의 내면을 보고 어떻게 말하고 행동하는지 살필 일이다. 내면에서 빛깔과 향기나 나는 사람을 찾을 수 있어야 한다. 그들과 함께 있기를 즐기고 기뻐해야 한다. 정신적으로 얼마나 풍성한가가 중요한 것이지 무엇을 먹는가가 중요한 것이 아니다. 고대 그리스 철학자들은 이미 인간은 육적이고 물리적인 데서 만족을 찾는 존재가 아닌 정신과 지성의 만족을 더 찾는 존재임을 주장하고 있지 않은가?

시대를 초월해서 아름다운 외모와 아름다운 마음의 소유자는 우리 곁에서 고유한 향기를 계속 발하고 있다. 영화 배우 오드리 햅번은 외모와 정신 두 가지를 두루 갖춘 인간이었다. 그래서 그의 외모는 60이 넘어서 노화되었지만, 그녀의 정신은 소녀 같은 순수함을 유지하고 있었다. 그녀의 피부는 탄력을 잃어 갔지만, 그녀의 마음은 인류에 대한 연민의 마음으로 사랑이 넘치고 있었다. 고통받는 사람들에 대한 연민은 과연 그녀의 어디에서 우러나오는 것일까?

그녀의 유년 시절은 별로 행복하지 못했다. 형제들의 죽음과 부모의 이혼으로 그녀는 말이 없던 소녀였다. 엄마와 영국으로 이주 후 발레를 배우던 그녀는 우연히 영화배우의 길로 들어선다. 배우로서 대성공을 했지만, 개인적 삶은 별로 행복하지 못했던 것 같다. 그런 자신의 슬픔 때문에 인생에 대해, 타인에 대해 연민의 마음이 있지 않았을까?

그녀는 배우 인생을 행운으로 보았다. 그 행운을 많은 사람들에게 나누어 주고 싶어 했고 기꺼이 삶 속에서 실천했다. 그녀가 죽기 전 크리스마스 날에 아들에게 남긴 편지를 보면 그녀의 친절한 마음과 배려심을 느낄 수 있다.

> 사람들은 상처로부터 복구되어야 하고
> 낡은 것으로부터 새로워져야 하고
> 병으로부터 회복되어야 하고
> 무지로부터 교화되어야 하고
> 고통으로부터 구원받고 또 구원받아야 한다.

오드리 햅번! 그녀가 아름답게 기억되는 것은 단지 외모가 아름답기 때문이 아니다. 그녀의 외모 안에 들어 있는 정신이 더 값지기에 아름답게 기억될 것이다. 그녀만 생각해도 아름다움의 기준이 사뭇 달라진다. 아름다움이란 단순한 외적 아름다움이 아니라 내적인 그 사람의 빛깔과 향기이다. 오드리 햅번의 향기가 아들의 인생에 퍼지길 기대하면서…….

17 자신의 트라우마를 대하는 태도

어린 시절은 중요하다. 0~3세에 주 양육자와 정서적으로 친밀관계를 잘 유지하면 정신분열증에서 자유로울 수 있다. 0~6세까지 부모의 사랑비타민과 인정비타민을 충분히 섭취하면 각종 신경증이나 불안증에 감염되지 않는다.

주 양육자에게 어쩔 수 없는 이유로 정서적으로 친밀한 경험을 갖지 못했다고 할지라도 불운한 환경은 꼭 정신분열증과 각종 신경증과 불안증을 유발한다고 할 수 없을 것이다. 불운한 어린 시절을 겪은 마릴린 먼로와 안데르센이라는 두 사람의 사례는 의미심장하다. 한 사례는 불행한 사례의 대표적인 예가 될 수 있으며 한 사례는 인간이 마음만 먹으면 자신의 이성, 정서, 행동을 의지 있게 통제할 수 있음을 시사해 준다.

미국의 여배우 마릴린 먼로는 많은 남성의 마음을 사로잡은 여인이었다. 그런데 그녀의 결혼 생활은 그리 행복하지 못해 세 번 다 불행하게 끝났다. 그 후에도 많은 사회 명사들과 염문설이 있었지만 누구에게도 정착하지 못한 채 36세의 젊은 나이에 약물중독으로 생을 마감했다. 그녀가 상대 남자에게 바랐던 것은 아마 '어머니의 사랑', 즉 따듯한 사랑과 돌봄 아니었을까? 그녀는 무조건적인 이해와 존중, 사랑을 갈구하였던 것이다. 그녀의 어린 시절은 트라우마로 얼룩져 있다. 그녀는 알콜중독자였던 어머니로부터 버림을 받았으며, 고아원에서 성장해야 했고, 그리고 9살 때는 이웃집 남자에게 성폭행까지 당했다.

어린 시절 버림받은 기억 때문에 그녀는 뼛속까지도 외로웠고, 성적인 트라우마도 갖고 있었다. 그래서 그녀는 몸은 성숙한 어른이었지만 마음속의 정서는 성장을 멈춘 어린이였다. 그녀는 관계에 집착했고 사랑을 갈구했으나, 언제나 채워지지 않는 사랑의 욕구로 사람을 지치게 했다. 그녀는 유령같이 자기를 따라다니는 트라우마를 외적인 인기(사람의 기운)로 극복하려고 했으나 실패했다. 만일 그녀가 용감하게 자신의 트라우마를 직면하고, 꾸준히 자신의 마음을 들여다보거나 심리상담을 받았다면 분명히 트라우마를 극복할 수 있었으리라. 그러나 그녀는 당장에 눈에 보이는 즉각적이고 어리석은 선택을 하였다. 그녀는 안목의 결여로 믿을 수 없는 사람들을 택했고 그 사람들은 그녀의 멍들고 상처난 마음을 이해하려고 하지 않은 채 자신들의 욕구와 상업적 목적을 위해 그녀의 외적 아름다움만을 탐닉했다.

동화작가 안데르센은 어린 시절이 마린린 먼로처럼 불운했지만, 완전히 다른 삶을 살았던 사람이다. 그는 1805년 매춘부의 아들로 태어났다. 안데르센의 외할머니는 포주였는데 심지어 자기 딸에게도 매춘을 하도록 강요하였다. 딸이 매춘을 망설이면 뺨을 때리고 집 밖으로 내쫓으면서 돈을 벌어 오도록 했다. 그녀는 매춘을 하는 과정 속에서 임신을 하고 집을 뛰쳐나와 한 남자와 도피하듯 결혼하였다. 그러나 그 남자는 광기 속에 발작을 하여 죽고 만다. 더 이상 희망이 없다고 생각한 그녀는 알콜 중독자가 되어 사망한다.

안데르센의 어린 시절은 폭력, 광기, 비도덕, 중독, 매춘, 가난으로 얼룩져 있다. 한 인간의 어린 시절이 이토록 비참할 수 있을까? 그러나 안데르센은 죽은 물고기 피부처럼 불운한 가정사의 냄새를 자신의 몸에 새기지 않았다. 그는 살아 있는 물고기가 되었다. 살아 있는 물고기는 썩은 물 대신 맑은 물을 찾아 떠나는 선택을 할 수 있는 것이다. 그는 어려운 가운데에서도 마릴린 먼로와는 다른 삶을 선택한다. 글을 배우고 시를 쓰면서 고상한 문화에 눈을 뜨면서, 글을 통해서 자신의 상처를 승화시키는 법을 배운다. 고통도 자신의 자산이 될 수 있다는 것을 알게 된다.

안데르센의 대표적인 작품 〈미운 오리 새끼〉는 어찌 보면 안데르센 자신의 자서전인 셈이다. 불행한 과거를 가졌지만 숱한 어려움을 극복하고 아름다운 백조로 변모한 것이다. 안데르센은 어린 시절의 불행을 불운으로 정리한 것이 아니라, 행복으로 가는 여정 중에 꼭 필요한 간이역으로 생각하였다. 그랬기에 그는 그의 작품에서 어려움을 극복하고 행복을 성취하는 모습을 통해 많은 사람들에게 희망을 준 것이다.

애착 유형

1. 나는 다른 사람들과 쉽게 가까워지고 그들에게 의지하거나 그들로 하여금 나에게 의지하도록 하는 데 편안함을 느낀다. 나는 버림을 받거나 너무 가까워지는 데 대해서 별로 걱정하지 않는다.
2. 나는 다른 사람들과 가까워지는 데 불편함을 느낀다. 나는 그들을 완전히 신뢰하거나 그들에게 의지하는 데 어려움을 느낀다. 나는 누가 너무 가까워질 때 불안을 느끼며, 종종 나의 이성 친구는 내가 편안하다고 느끼는 것보다 더 가까워지기를 원한다.
3. 나는 다른 사람들이 내가 바라는 것만큼 가까워지려고 하지 않는다고 생각한다. 나의 상대가 나를 진정으로 사랑하지 않거나 내 곁에 머무르지 않을까 자주 걱정한다. 나는 다른 사람과 완전히 하나가 되고 싶고 이런 나의 욕구가 때때로 사람들을 놀라서 도망가도록 만든다.

당신은 어떤 유형인가?

1번은 안정애착 유형으로서 모든 관계가 안정적이다. 2번은 회피애착으로서 타인과 자신의 정서 인식을 민감하게 수용하고 잘 활용하면 인간관계를 바람직하게 형성할 수 있다. 3번 유형은 불안한 애착 유형으로서 사랑비타민이 많이 필요하다. 배우자의 무조건적인 사랑과 관심이 많이 필요하며 사랑과 관심을 받게 되면 안정애착으로 변화될 수 있다. 자기 자신을 통찰하면 정서적으로 안정되기 때문에 인지적 집중이 일어나고 문제 해결을 잘 할 수 있다.

18 인생 최대의 법칙

꿈은 꿈을 소중히 여기는 사람을 방문하고 이루어 준다. 부모는 자녀가 꿈을 꿀 수 있도록 길을 열어 주어야 한다. 왜냐하면 인간의 뇌는 상상의 힘이 더 크기 때문이다. 어느 시대보다도 이 시대는 신화의 실현 시대이며, 상상의 힘이 큰 시대이며, 꿈꾸는 사람의 시대이다. 이제 이성의 힘보다는 감성의 힘이, 감성적 자극보다는 상상의 힘이 더 센 시대라고 할 수 있다. 이것은 무엇으로 증명될까? 논문보다는 수필의 수요가 더 많고 수필보다는 소설이 더 수요가 많다. 소설에서도 상상력을 무한대로 자극하는 판타지 소설의 힘은 폭발적이다. 이성적이고 합리적인 사람이 보통의 지식인이다. 그러나 상상력을 가진 감성적인 사람들은 모든 사람들을 자신의 세계로 끌어들이게 된다.

《해리 포터》의 작가 조앤 롤링을 보라. 그녀의 인생은 희비극의 쌍곡선을 그린 인생이다. 어렸을 때부터 극적인 삶을 살았기에 그녀의 상상력은 남다를 수 있었다. 행복하지 않은 부모님과 우울증에 시달린 어머니 덕분에 조앤 롤링은 현실 세계에서는 안정감을 느낄 수 없었다. 그녀는 현실에서 충족할 수 없는 정서적 안정감을 그녀의 내면의 상상의 세계 속에서 찾았다. 상처받은 자아는 그렇게 해서라도 완전성에 다가가는 것이다. 그녀는 또 어머니처럼 이혼을 하게 되었고, 빈털터리 미혼모가 되어 영국에 돌아왔다. 그녀에게 남겨진 것은 핏덩이 딸과 낡은 타자기 한 대, 그리고 자신의 상상력 탱크인 두뇌뿐이었다. 그녀는 정부보조금을 받으면서 어렵게 생활했다. 심지어 어린 딸에게 줄 분유조차 떨어져 손가락을 빨려야 했던 날도 있었다. 그래도 그녀는 카페 구석에 앉아 경제적 어려움도 잊고 상상의 세계 속에 빠져 소설을 완성했다. 우여곡절 끝에 그녀의 《해리 포터》는 출간되었고 세계 어린이들은 조앤 롤링의 세계로 빠져 들어갔다. 어린이들이 그토록 꿈꾸던 마법의 세계 속에서 그녀는 꿈을 전달하는 여왕이 되었다. 그렇다. 그녀는 진실로 영향력 있는 사람이 되었다. 가난한 이혼녀라는 꼬리표를 달고 살아야만 했던 여인이었지만 그녀는 자기를 비관하지 않았고 어렸을 때부터 자신이 잘하던 상상의 세계에서 내면의 치유를 받았고, 그것으로써 원하는 것들을 얻은 것이다. 고대로부터 내려오는 삶의 공식, 성공한 모든 사람들이 취한 방법, 그 법칙은 바로 "생생하게 꿈꾸면 현실이 된다"는 것이다.

《꿈꾸는 다락방》으로 잘 알려진 이지성 작가의 인생 법칙이기도 한 "생생하게 꿈꾸면 현실이 된다"는 이 말은 인생 최대의 성공 공식이라 할 수 있다. 자녀가 성공하고 행복한 삶을 살기 바란다면 이 능력을 키워 주어야 한다. 어떠한 상황에서도 자신의 꿈을 소중히 여기고 가꿔 갈 수 있는 사람으로 만들어 주어야 한다.

미래에 대한 꿈이 있는 자녀는 현재 시간을 낭비하지 않는다. 꿈이 있는 자녀는 자신을 준비하고 훈련하는 시간을 충실하게 보낸다. 외적 환경보다 중요한 것이 내면세계이다. 내면세계가 꿈으로 가득 차 있으면 외적인 자원이 부족하더라도 극복할 방법, 즉 문제해결 방법을 찾게 된다. 그러나 외적 환경이 아무리 좋더라도 내면에 열정과 꿈이 없다면 연료가 없는 좋은 자동차에 불과한 것이다.

자녀를 잘 살펴보자. 외적인 상태만이 아닌 내면세계를 잘 살펴보자. 그리고 자녀가 가장 좋아하는 것이 무엇인지 알아보자. 또한 가장 잘하는 일은 무엇인지 알아보자. 그 일과 관련된 꿈을 가진다면 성공 확률이 높다. 자녀가 선택하고, 자신의 선택에 책임을 질 수 있는 큰 꿈을 그리게 해 보자. 이왕이면 호랑이 그림을 그리는 것이 좋다. 호랑이가 어렵다면 '고양이'라도 그릴 수 있다. 그리고 꿈을 이루지 못한다 할지라도 꿈을 꾸는 자녀들은 눈에 생동감이 있고 인생이 행복하기 때문이다.

우리나라 속담 중에 이런 말이 있지 않은가? "사람은 쌀독에 쌀이 떨어져서 죽는 것이 아니라, 마음속에 꿈이 떨어졌기 때문에 죽는 것이다." 정말 맞는 말이다. 이 세계는 꿈꾸는 자녀들의 꿈에 의해 정복당하리라. 자녀에게 큰 꿈을 꾸게 지원하는 것이 어머니의 신성한 의무이다.

4부

부모의 선한 영향력

01 카멜레온 같은 엄마가 되라

자녀와 어머니의 관계 유형은 여러 가지 형태로 나타나게 된다.

첫째, 지배·복종 관계

둘째, 자유방임적 관계

셋째, 상호 협동적 관계

넷째, 어머니 중심적 관계

다섯째, 자녀 중심적 관계

이 다섯 유형 중에서 어떤 유형이 될 것인가는 어머니의 지식과 경험, 성격이 상호작용한 결과로 형성된다. 그러나 바람직한 자녀교육을 위해서는 한 가지 유형만을 맹신하고 고집하기보다는 교육 상황에 맞게 적절하고 다양하게 선택할 필요가 있다.

우선 지배·복종 관계가 바람직한 상황은 도덕성, 원칙, 가치관을 세우거나 자녀가 공공의 선을 침해하려고 할 때 적절하다. 예를 들어, 자녀가 길에 휴지를 버리거나, 친구를 무시하는 행동을 할 때, 위험한 행동을 할 때는 단호하게 지배·복종 관계 모드로 들어가는 것이다. 인간의 의지를 강조하였던 성 어거스틴은 '분별력 있는 꾸짖음'은 필요하다고 하였다.

자유방임적 관계가 우선되어야 할 때는 아이가 좋아하는 놀이나 취미 활동을 할 때이다. 이때는 자녀가 집중하는 상태이므로 위험한 물건이나, 집중에 방해되는 물건은 치워 두고 자녀가 마음껏 자신이 원하는 것을 탐색할 수 있도록 자율성을 최대한 허용하는 관계 모드로 들어간다. 이러한 상황에서 자녀의 창의성 교육을 돕는다고 "블록으로 비행기를 만들려면 이렇게 해야지"와 같이 참견과 간섭을 하면 아이의 자율성과 의지는 상처받게 된다.

상호 협동적 관계일 때는 어머니와 자녀의 관계가 수평적 관계로서 친구 같은 관계이다. 예를 들면, 가족 여행의 행선지를 결정할 때 "어디가 좋을까?" 또는 동화책을 읽고 "행복한 왕자님은 불쌍한 사람들에게 사파이어와 루비 보석을 줄 때 어떤 마음이었을까?"라고 물어보며 생각을 나누는 것이다. 이럴 때는 최대한 자녀의 생각을 수용하고 받아 준다. 그리고 크리스마스트리 장식을 할 때 자녀의 생각을 최대한 반영해서 함께 꾸며 줄 수도 있으며, 이때 간단한 미술 도구를 이용해서 '고리 만들기'나 '별 만들기' 등을 같이 해 보면서 자녀의 성취감과 만족감을 한껏 고양시킬 수 있다.

어머니 중심적 관계가 필요할 때는 언제일까? 새로운 것을 학습하고 지시할 때 사용하면 적절하다. 영어 과목이나 기타 과목의 새로운 진도를 나갈 때는 어머니 중심적으로 진행하면 무리가 없다.

자녀 중심적 관계가 유용할 때는 자녀가 익숙하게 잘하는 것, 예를 들면 줄넘기, 피아노, 동시 암송, 동화책 읽기 등 여러 가지 활동

중에 자녀가 가장 잘하는 것을 중심으로 자신이 활동을 계획하고 수행하는 것을 어머니나 동생에게 보여 주는 것이다. 이때 '선생님 놀이' 식으로 가르치거나, 발표하는 방법으로 하면 더 기억에 오래 남는다. 또 남 앞에서 발표한 것은 자녀의 자신감과 효능감, 즉 '나도 할 수 있다'는 생각을 갖게 한다.

자녀교육에는 한 가지 방법만을 고집하기보다는 다섯 가지 유형을 골고루 섞어서 시기적절하게 사용하는 것이 고수 엄마의 비법이다. 그리고 키포인트는 다섯 가지 관계 유형을 상황에 고려하여 활용하는 것이다.

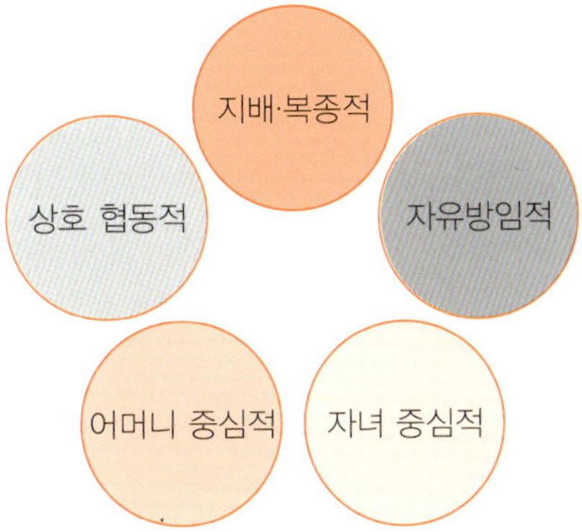

| 어머니와 자녀의 관계 유형 |

관계 유형	학습 상황
지배·복종 관계	가치관 교육, 공공의 선 추구
자유방임적 관계	놀이나 취미 활동을 할 때
상호 협동적 관계	가족 행사 정할 때
어머니 중심적 관계	어머니의 전문 지식이 활용될 때
자녀 중심적 관계	자녀의 몰입도가 높은 학습

02 하나의 장애물은 하나의 경험이다

어느 날 아들이 울면서 집에 들어왔다. "엄마, 영어 대회 나간 거 내가 완벽히 잘 외웠는데 다른 아이가 참가하게 되었어"라고 했다. "우리 반 대표로 나갈 아이는 대본을 보고 읽었고 나는 아브라함 링컨을 잘 외워서 했어요. 그런데 선생님께서 박수를 많이 받은 아이가 반 대표로 나가기로 결정했어요." 아들은 여간 실망한 기색이 아니었다. "그랬구나. 많이 속상했겠구나. 반 대표로 나간 아이도 잘했지만 너도 최선을 다했으니 잘했어. 1등도 잘했지만 2등도 잘한 거야." 하고 위로했다.

매번 아들이 2등을 하는 이유는 무엇일까? 곰곰이 분석을 해 보았다. 우선 목소리가 좀 작고 표현력이 약하다. 장점은 암송을 잘하고 도전적이라는 것이다.

이럴 때는 아들의 마음, 특히 속상한 마음을 위로해 주는 '라포르 rapport 대화'를 해야 한다. '라포르'란 신뢰와 친근감으로 이루어진 인간관계를 말하는데, 라포르 대화는 정서적 지지를 통해 신뢰와 친근감을 형성하는 대화라고 볼 수 있다. 실망한 아들의 마음을 읽어주고 용기를 주기 위해서는 이와 같은 대화가 효과가 있다. 인간은 상호작용을 통해 관계하는 존재로서, 상호작용의 질을 높이려면 상대자의 마음밭을 나의 말을 받아들일 수 있는 촉촉한 땅으로 만들어야 한다. 이럴 때 마음의 밭 고르기 작업에 꼭 필요한 대화가 공감적인 대화이다. 마음이 열려야만 엄마의 말을 받아들일 수 있고 상호작용의 질을 높일 수 있다. 또한 서로의 몸은 같이 있지만 마음이 다른 곳에 있다면 대화의 질이 높을 수 없다. 대화하는 공간에 몸과 마음이 함께 머무르게 하려면 공감하는 대화를 해야 한다.

필자는 아들의 마음을 충분히 만져 주는 대화를 한 후에 간식을 제공했다. 문제를 직면하기 위해서 뜨거운 감정을 어느 정도 환기해야 하기 때문이다. 충분히 위로하는 라포르 대화 후에 이완의 시간을 갖는 것이 중요하다. 그리고 문제를 해결하는 방법의 대화를 시작했다. 즉, 정보적 지지를 해준 것이다. 다음 번에 잘하기 위해서는 어떤 방법을 사용하면 좋을까?

"우선 목소리를 좀 더 크게 하고 표현을 생동감 있게 하면 더 좋겠지. 잘한 점은 완벽히 암송한 점과 도전하는 마음이야. 파이팅!"

"하나의 장애물은 하나의 경험이고 하나의 경험은 인생의 지혜와 통합된단다. 모든 성공은 장애물 뒤에서 우리가 오기를 기다리고 있단다."

"오늘은 2등을 했지만 다음엔 더 좋은 결과가 있기를 바란다."

대화가 끝난 후 아들의 얼굴 표정은 집에 돌아올 때보다 훨씬 좋아져 있었다. 새 힘을 얻은 것 같았다.

필자는 오늘 아들에게 정서적 지지, 물질적 지지(간식), 정보적 지지를 해준 것이다. 아들은 덕분에 다시 회복 탄력성을 갖게 되었다. 발달과업에서 1등을 하는 것도 의미 있는 일이지만, 2등을 한 후에 마음을 정리하고 다음에 더 분발할 수 있도록 실패에서 뭔가를 배우게 해 준다면 실패도 그리 나쁜 것은 아니다. 긴 인생에서 매번 1등만 하기는 어려운 일이다.

문제를 좀 더 잘 해결할 수 있는 힘을 길러 주는 방법은 그들의 인생에서 부서지지 않고 다시 튀어오를 수 있는 탄력적인 고무공 같은 마음의 힘을 길러 주는 것이다.

인간에게는 '느끼는 자아'와 '기억 자아'가 있다고 한다. 현실에서 '느끼는 자아'와 과거의 경험을 통합하여 인지하고 받아들이는 '기억 자아' 두 가지는 일치하지 않는다고 한다. '느끼는 자아'는 고통스러웠다 할지라도 '기억 자아'에서 '느끼는 자아'의 고통도 잘 승화하여 의미 있게 처리하면 상실이나 고통도 생산적인 에너지로 끌어다 쓸 수 있다고 한다. 그러므로 인생에는 '자기만의 해석'이 더 중요하다. '기억 자아'에서 생활의 사건들을 실패조차도 성공의 발판으로 삼을 수 있는 교훈으로 만들 수 있다면, 그는 고통스런 일도 의미 있는 자원으로 만드는 사람이다.

진정한 성공이라는 것은 고통이나 어려움이 없는 상태가 아니라 그것을 잘 극복한 상태인 것이다. 아들이 오늘의 일을 통해 좀 더 성숙해질 수 있음에 감사하다.

03 인성교육은 성공하는 자녀의 보증수표이다

우리나라 부모들이 자녀의 인성교육을 어떻게 진행하고 있을까? 일반적인 경향은 미국의 자녀교육 방법을 많이 반영하고 있다. 미국에서 실패한 자녀교육 방법이 이제 한국에서 유행하고 있는 듯하다. 미국에서 1950년대 부모들에게 광범위하게 읽혔던 책 중에 《유아와 육아》라는 책이 있다. 자녀를 육체적, 정신적으로 허용해서 키우면 자녀 스스로 잘 성장할 것이라는 낙관적인 생각이 반영된 육아서이다. 아이들에게 최대한의 자유를 주는 것이 성장에 도움이 된다는 것이다. 결과는 불 보듯 뻔했다. '버릇없는 자녀'들이 자라서 '버릇없는 어른'이 된 것이다.

우리나라 부모들은 자녀의 공부 문제에서는 부모 주도적으로 계획을 세우지만, 인성 문제만큼은 자녀들에게 주도권을 넘긴다. 공부만 잘하면 사회성이 떨어져도 괜찮아, 공부만 잘하면 규칙을 잘 안 지켜도 괜찮아, 공부만 잘하면 예의 없어도 괜찮아, 공부만 잘하면 생활습관이 자기 주도적이지 않아도 괜찮아. 이런 식으로 교육을 한다. 그러다 보니 공부만 잘하고 시간 관리 못하고 엄마가 없으면 자기 생활을 아무것도 못하는 통제력이 없는 '어른 아이'로 키우게 된다. 인성은 좀 부족하고 모자라도 능력만 있으면 된다는 육아 풍토로 인해 예의 없고, 남에 대한 배려가 없는 것이 당연하게 되었다.

대학생 새내기를 가르치다 보면, 정말 웃지 못할 일들이 일어난다. 그래도 쉽게 지적을 할 수가 없다. 4, 5년 전에 비해 최근에 입학하는 일부 새내기들의 공통점은 자기중심성이 점점 짙어진다는 것이다. 조금 걱정이 된다. 소수의 새내기들은 몸은 어른이지만, '전두엽 미성숙자'인 것이다. 왜 이렇게 되었을까? 여기에 대한 원인이 한 가지에 있지는 않을 것이다. 여러 방면에 걸친 문제가 누적되었겠지만, 특히 가정교육의 부재가 가장 크다고 본다. 아버지의 부재로 인한 '밥상머리' 교육이 없어졌다는 것이다. 자녀에 대한 1차적인 책임은 국가나 사회가 아니라 부모인 것이다. 부모는 자녀가 바르게 설 수 있을 때까지 정서적, 교육적, 의료적, 경제적 지원을 해야 한다. 이것이 성숙한 부모 됨일진대, 부모의 책임을 국가나 사회에 전가하는 것은 미성숙한 부모이다. 물론 불행한 사건으로 인해 부득이하게 자녀를 책임질 수 없는 상황이라면 국가나 사회가 나서 주어야 한다. 하지만 사회복지를 아무리 충실히 잘 수행한다 해도 절절한 어머니의 사랑의 마음을 따라갈 수 있을까 의문이다. 김치 한 쪽을 먹더라도, 아무리 초라한 밥상이라도 그곳에 어머니의 사랑과 헌신이 있다면 그 자식은 살 된다. 요즘은 자기 자식에 대한 책임의식을 갖는 부모의 진심 어린 '인성교육'이 그 어느 때보다 필요한 시기이다.

주지하듯이 전두엽은, 인간 됨을 나타낼 수 있는 교양, 도덕성, 매너, 미래에 대한 조망, 참을성과 인내심을 담당하는 기관이다. 인간의 비애는 전두엽이 가장 늦게 성숙되지만 가장 먼저 퇴화한다는 것이다. 이 때문에 동물에게는 생기지 않는 '치매'가 인간에게만 있는 것이다.

전두엽은 3세부터 발달하기 시작해서 평생 동안 성숙해 간다. 육체적으로는 '브레인 푸드'를 먹어야 뇌 발달이 잘 이루어지는 것처럼 전두엽이 잘 기능하기 위해서는 '도덕성' 발달을 도울 수 있는 많은 축적된 경험이 있어야 한다. 3세부터 자녀들은 도덕성 교육을 받아야 한다. 도덕성에 대한 다양한 경험이 축적된 자녀들은 생활 속에서 자연스럽게 예의, 매너를 갖고 다른 사람들을 대한다.

자녀들은 태어날 때부터 도덕성에 대한 '씨앗'을 갖고 태어난다.

심리학자 호프만은 다음과 같은 실험을 했다. 출생 후 36시간 미만인 영아들을 다른 영아의 울음소리, 우는 영아와 비슷한 기계 소리, 소리 없음의 세 조건에 노출시켰다. 그 결과 다른 영아의 울음소리에 같이 소리 내어 울었고, 울음소리를 흉내 낸 기계 소리와 소리 없음에서는 영아들이 그다지 반응하지 않았다고 한다.

이와 같이 인간은 타인을 배려하고 공감하는 도덕성에 기초가 될 수 있는 '씨앗'이 생물학적으로 프로그램되어 있다. 그러나 이 '씨앗'에 물을 주고 자라나게 해야 하는 초기 외적 환경은 부모의 몫이다. 우리 부모는 인성교육과 능력을 키우는 교육 둘 다에 물을 주어 자라나게 해야 한다. 인성교육의 효과는 기대 이상의 가치를 가져다준다.

바쁘다는 핑계로 인성교육을 소홀이 하지 않았는지 반성해 본다. 어느 독일인의 글이 마음에 와 닿는다.

교사 여러분, 나는 강제 수용소의 감독입니다.

그 누구의 눈에도 띄어서는 안 될 것들이 내 눈에 보였습니다.

교육받은 엔지니어가 세운 가스실

교양 있는 의사에게 독살된 아이들

훈련받은 간호사에게 살해당한 유아들

고등학교와 대학교를 마친 사람들의 총에 맞고 불에 타죽은 여인들과 아이들

그래서 나는 교육을 의심합니다.

부탁합니다.

당신의 학생들이 인간이 되도록 도와주십시오.

당신의 노력으로 박식한 괴물이, 숙련된 정신병자가, 교양 있는 아이히만이 태어나게 해서는 안 됩니다.

읽기와 쓰기, 수학은 우리 아이들을 좀 더 인간답게 만드는 데 기여하는 한에서만 중요한 것입니다.

| 인간 두뇌의 구조와 기능 |

	두뇌의 구조	두뇌의 위치	두뇌의 역할 및 기능	발달 시기
자율신경계	뇌간 (brain stem)	두뇌의 가장 아래 주위에 위치한 중뇌, 뇌교, 연수로 구성	호흡, 심장박동, 심혈관, 소화 활동, 흡수, 생화학적 반응 등 무의식적인 조절 생명 유지에 필수적인 활동	태아기~생후 15개월까지 발달
	소뇌 (cerebellum)	후두엽 바로 아래 위치(좌우 한 쌍으로 구성)	운동기능, 평형감각, 동작 패턴 저장 및 인출, 동작 통로 활동 수정 감각 대기실과 같은 역할	출생~2세까지 발달
변연계	시상 (thalamus)	뇌간 바로 윗부분에 위치	감각정보가 대뇌피질에 전달되도록 하는 기능, 통증 지각	
	시상하부 (hypothalamus)	시상 아래 위치	신체의 정상적인 상태를 유지, 성욕, 수면, 공격적 행동, 쾌락을 조절함	
	편도 (amygdala)	시상하부 아래 해마 위에 위치	정서 조절(두려움, 공격성)	해마보다 빨리 성숙
	해마 (hippocampus)	편도 아래 위치	과거의 기억 유지, 기억 내용을 피질에 급파해서 장기기억으로 저장, 기억 담당 기능	4세 정도에 완전히 성숙
대뇌피질	전두엽 (frontal lobe)	피질의 가장 넓은 부위로 이마 안쪽에 위치	언어, 사고, 판단, 추리, 지혜 등 인간의 고등기능을 담당 고도의 정신 활동 인간의 의식·의지 담당 감각동작 처리와 인지, 브로카(broca) 영역: 말을 할 수 있음	영아기 후반~청년기, 성인기까지 계속 성장 언어 관장 피질은 영아기 후반~학령 전까지 급속 발달
	두정엽 (parietal lobe)	두뇌의 맨 위에서 뒷부분에 걸쳐 위치	고차적인 공간지각 능력, 감각처리, 언어처리, 주의집중, 신체감각을 담당 신체를 움직이는 일과 입체 공간적인 인식기능을 담당	
	후두엽 (occipital lobe)	두뇌 뒷부분의 중심부 아래 위치 머리 뒤통수에 해당	눈으로 보고 느끼는 시각정보 담당 미술작품이나 무용 등 감상의 이미지 훈련 시 활성화됨	출생 후 3·4개월~1년까지 계속 발달
	측두엽 (temporal lobe)	왼쪽·오른쪽 양옆의 귀 주변과 귀 뒷부분에 위치	언어 적응력과 청각에 관련된 일을 함 베로니케(Wernike) 영역: 언어 이해와 해석함	출생 후 3·4개월~1년까지 계속 발달

출처: 전남련 글로벌멘토링 연구소

04 자기 통제력은 인생의 자본

스텐포드 대학 월터 미셀 박사의 '마시멜로' 실험은 너무나 유명한 이야기이다.

미셀 박사는 스텐포드 대학 부설 어린이집의 어린이 653명을 대상으로 종단연구(실험 후 시간을 두고 추적하는 연구)를 실행하였다. 실험의 방법은 어린 유아를 조용한 방으로 안내한 후 눈앞에 있는 마시멜로를 15분 동안 먹지 않으면 포상을 주겠다고 약속한다. 실험 참가자 중 30%만 15분을 견뎌냈다. 대부분의 어린이들은 평균 3분이 지나자 마시멜로를 먹었고 일부 어린이들은 30초도 지나지 않아 눈앞의 마시멜로를 먹어치웠다.

15년이 지난 후 만족 지연 그룹과 만족 지연 능력의 결여 그룹을 조사했다. 기다림과 인내심이 있었던 그룹은 문제해결 능력, 계획 수행력, 대학 입학 시험 성적이 월등히 뛰어났다고 한다. 마시멜로 법칙의 추적 연구에 의하면 만족 지연 능력이 있었던 그룹의 어린이들이 성공한 삶을 살더라고 한다. 어린 시절의 '작은 차이'는 결코 작은 차이가 아니라 '큰 차이'를 만든다.

우리나라에도 이와 비슷한 이야기가 있는데 바로 '책거리 행실'이 그것이다. 결혼을 앞두고 있는 신부의 부모는 신랑이 앞으로 학문적으로 대성할 것인가에 대해 궁금하게 생각했다. 그래서 신부의 부모는 중신아비에게 은밀히 신랑감 후보의 '책거리 행실'을 알아 오게 했다. 신부 부모의 심부름을 맡은 중신아비는 예비 신랑의 서당 훈장님을 찾아가 예비신랑의 책거리 행실을 은밀히 묻고 그 사실을 신부 부모에게 고했다. 책거리는 책씻이, 책례라고도 한다. 학동들이《천자문》,《동문선습》등 책을 한 권 떼게 되면 자모들이 떡을 빚어 동무들과 나누어 먹게 하였다. 이때 서당 훈장님은 떡 함지를 들여놓고 이렇게 말씀하셨다. "훈장님은 어디에 나갔다 올 테니 당장 떡이 먹고 싶은 사람은 먹되 하나 이상 가져가서는 안 되고 내가 돌아올 때까지 참았다가 먹으면 두 개씩 먹어도 된다." 이처럼 옛날 우리나라에도 마시멜로 실험처럼 책거리 행실로부터 아동의 미래를 예측하였던 것이다. 옛날이나 지금이나 '자기 통제'를 잘하는 사람들이 미래의 주인공이 되고 인생에서 성공하게 된다.

학령전기 5~7세의 내 자녀가 인내심이 부족하다면 어떻게 해야 할까? 처방전은 없을까? 답이 없는 문제가 없는 것처럼 훈련으로 인내심을 키울 수 있다. 자녀를 대상으로 마시멜로 실험을 해 보면 내 자녀가 어느 정도의 인내심을 가지고 있는지 알 수 있다. 엄마가 직접 하는 것보다는 자녀가 좀 더 어려워하고 사회적인 권위(아이의 입장에서)가 있는 자녀의 유치원 선생님께 부탁해 보자. 15분을 견딜 수 있는지 말이다. 내 아이의 인내심이 30초라면 인내심과 기다림에 대해 맹연습을 하면 된다.

기질적으로 인내심이 없는 아이들도 있다. 그러나 엄마의 교육적 훈련으로 연습하면 인내심 또한 좋아지게 마련이다. 인내심을 훈련시키는 방법은 어떤 것이 있을까?

필자가 많이 쓰는 방법은 '바깥나들이'할 때 쓰는 방법이다. 3살 때부터 이 방법을 계속 훈련하고 있다. 우선 아이는 바깥나들이 가는 상황이므로 기분은 한껏 상기되어 있다. 기분이 좋을수록 뇌는 참을성이 많아진다. "송이야 여기는 매우 안전한 장소란다. cctv도 있고 상황실 삼촌이 널 보고 있단다. 엄마가 지하에서 차를 가지고 나올 동안 송이는 여기에 서서 기다리는 거야. 송이가 그림책 한 권을 다 볼 정도의 시간이 흐르면 엄마가 차를 가지고 나올게." 그렇게 말하고 필자는 주차장에서 차를 가져온다. 처음 한 번은 아이가 울었다. 그러나 엄마를 향해 울면서 쫓아오지는 않았다. 상황을 전혀 모르는 옆집 아주머니는 이해할 수 없다는 표정으로 필자를 쳐다보았다. 속으로는 모진 엄마, 독한 엄마라고 했을지도 모른다. 그 후 아이는 만족 지연 능력과 참을성이 조금씩 연장되었다. 불확실성에 대한 참을성이 많이 생겼다. 더구나 처음 간 목욕탕이라는 낯선 상황에서도 겁내지 않고 혼자 화장실에 다녀왔다. 인내심의 형성은 자기 할 일은 자기가 스스로 하는 독립심까지도 파생되게 한다.

05 지능이 높은 아이는 엄마의 영향이 더 크다

일반인들이 생각하는 지능의 의미는 '똑똑함 정도', '학습 능력'이다. 심리학자들의 지능에 대한 의견은 대략적으로 '추상적으로 사고할 수 있는 능력', '적응적인 사고' 등의 의미로 모아진다.

지능은 왜 중요할까? 우리나라 엄마들은 자녀의 지능에 대해 고민한다. 지능이 인생의 성공을 어느 정도 예측해 줄 수 있을까? 지능은 학업 성취에 어느 정도 영향을 미칠까? 지능은 직업이나 지위에 영향을 미칠까? 대답은 "그렇다"이다.

지능이 높은(대략 115 이상) 아이들은 학교 공부에 더 잘 적응하고 학교에서 탈락될 위험보다 학교에 더 오래 머물게 된다.

Terman의 천재에 대한 종단연구는 140 이상의 높은 지능을 소유한 천재 아이들의 학교와 사회 적응에 있어 흥미로운 결과를 보여 준다. 천재로 입증된 아이들은 성장 과정과 발달 과업을 어떻게 완수하게 되는가?

우선 어렸을 때는 말을 빨리 배우고, 신체 성장이 빠른 것을 알 수 있다. 초등학교에 들어가게 되면, 교사와 학생들에게 인기가 있는 것은 아니지만, 교사에 의해 더 빠르게 리더로 발탁되고, 학교일을 적극적으로 하게 된다. 40세 정도에 이른 성인 천재들은 전문직이나 준전문직에서 자신의 위치를 굳히고 각종 과학 보고서, 논문, 특허, 자신의 전공적 성과를 나타내는 책을 출판하게 된다. 이들이 건강하고 더 행복하고 성공된 인생을 살아가는 것은 확실하다. 중년에 이른 천재들 중 약 15%가 성공적이지 않은 인생을 살게 되는데, 그 원인으로는 '가정환경의 질'이 주요 변인으로 작용했기 때문이다. 이는 아무리 천재로 태어났다 할지라도 부모의 적절한 경제적, 정서적 지지가 없다면 천재성을 발휘하기가 힘들다는 것이다.

내 아이를 천재로 만들기 위해서 어떻게 계획을 세울 수 있을까?

첫 번째는 태내 환경을 바람직하게 형성하는 것이 좋다. 태아기 때부터 아기의 두뇌는 발달하고 작동하기 때문에 엄마는 영향적으로 균형 잡힌 음식을 먹고 양질의 단백질 섭취로 태아의 두뇌 발달을 도와야 한다. 그리고 정서적으로 좋은 기분을 유지해서 자녀에게 기쁨의 호르몬을 엄마로부터 공급받도록 해야 한다. 엄마의 정서 상태는 탯줄을 통해 호르몬으로 자녀의 '핵심 감정'에 영향을 미친다. 그러므로 엄마는 되도록 장기적인 스트레스에 노출되지 말아야 한다.

그리고 엄마의 '언어 능력'은 출생 이후 자녀의 지능에 결정적인 영향을 미치게 된다. 말을 많이 하는 수다쟁이 엄마가 무뚝뚝한 엄마보다 낫다. 그러나 더 중요한 것은 수준 높은 언어 사용이 자녀의 지능을 촉진한다는 것이다. 언어지능의 고수들이 만든 수준 높은 언어, 바로 시를 암송해 주라! 인간은 정보로 사고하고 사고로 행동하는 존재이다. 동서고금의 명문장가들의 정신이 집약되어 있는 시는 엄마의 온몸을 소통시켜 준 후 진동으로 자녀의 뇌에 전해진다. 물론 아동기 전체 시기에 시를 읽어 주는 것은 말할 것도 없고 태아기 때부터 자녀의 귀에 시를 들려주면 자녀의 국어 능력은 좋아지게 된다. 태아도 듣는다는 사실을 잊지 말라.

또 한 가지, 자녀의 지능을 높여 주는 방법으로 자녀의 성장 수준에 알맞은 장난감과 교구를 지능 발달 매개체로 사용해 보자. 그리고 똑똑한 엄마는 자녀에게 '브레인푸드'를 먹인다. 정크푸드나 패스트푸드는 뇌에 좋지 않다. 먹는 것은 자녀의 세포와 혈액에 영향을 미친다. 브레인푸드로는 바나나, 스위티, 석류, 가다랭이, 국화차, 꽃게, 해초 등이 있다.

06 성숙한 부모가 되기를 소망하라

요즘도 그렇지만, 역사적으로 보면 자녀를 자신이 이루지 못한 일이나 명예의 대리성취자로서 취급하여 대리만족을 하려는 경향이 있다. 필자도 이러한 부모님을 만나 어느 정도 성취에 영향을 받은 것은 사실이다. 부모의 기대 수준이 어느 정도이냐에 따라 건강, 양호, 질병 상태일 수 있다. 부모로서 자녀를 능력 있는 사람으로 만들려는 경향은 인지상정이다. 그러나 정도가 지나치면 자녀를 불안과 신경증에 걸리게 한다. 능력도 성공도 마음이 편안한 상태에서 이루어져야 행복한 것이다. 공부나 일하는 것이 놀이처럼 즐거울 때 성공에 한층 더 가까워지는 것이다. 마음이 즐거워야 선택한 전공과 일에서 진정한 즐거움을 얻을 수 있는 것이다. 좋은 부모들은 자녀의 능력을 키워 줄 때 정서적으로 과민반응하지 않도록 노력한다.

필자도 자녀에게 학습 지도를 할 때 객관적으로 가르치기가 어렵다. 너무 사랑해서 배려하거나 너무 기대하다가 실망하거나 좌절할 때도 있다. 다만 마음속의 생각을 얼굴로 표현하지 않도록 노력하고 있다. 기대 이상으로 잘했을 때는 칭찬을 해 주어도 실망했을 때에는 얼굴에 나타내지 않는 것이 좋은 학습 지도 방안이다. 자녀는 인격을 소유한 인격체이므로 비인간적인 취급을 받게 되면 부모에게 반항하는 것이다. 물론 어릴수록 직접적으로 반항을 하지는 않겠지만 적응 과정에서 스스로의 본성을 필요 이상으로 억제하다 보면 노이로제나 불안을 느끼게 된다. 그리고 싫어하는 연습이나 훈련을 계속하다 보면 마음이 병들게 되는 것이다.

유명한 음악가인 '파가니니'의 예를 들어 보자. 파가니니는 어렸을 때 아버지로부터 엄격한 교육을 받은 것으로 유명하다. 파가니니의 아버지는 적은 수입으로 가정을 꾸려 가면서도 도박에 빠져 있었다. 어느 날 파가니니의 아버지는 파가니니가 음악에 재능이 있는 것을 알게 되었다. 그의 아버지는 파가니니를 잘 훈련시키면 유명한 음악가로서 돈벌이가 될 것을 기대하게 된다. 그때부터 그의 아버지는 파가니니에게 혹독한 훈련을 시켰다. 파가니니의 아버지는 나쁜 의도를 가지고 아들을 맹연습과 훈련으로 혹사시켰다. 음악이 주는 자체의 기쁨과 감동보다는 돈벌이 수단으로서 음악을 하게 한 것이다. 그의 아버지는 자신의 생활을 온통 아들을 훈련시키는 일과로 매진하였다. 그의 아버지는 어린 파가니니에게 기타, 파이프오르간, 바이올린까지 억지로 배우게 하였다. 아들에게서 놀이 시간을 빼앗고 온통 연습 시간으로만 채웠고 마음에 들지 않으면 연습 시간을 늘리고 체벌까지 했다. 파가니니는 아버지의 강제 교육으로 인해 마침내 훌륭한 음악가가 되었다. 하지만 이것이 행복을 보장해 주지는 않았다. 능력을 인정받았지만 그는 개인적으로 행복하지 않았다. 이렇게 불우한 어린 시절의 경험으로 파가니니는 평생 신경계질환과 근육 경련에 시달리게 되었다.

이에 비해 칼 비테는 아버지의 정서적으로 안정된 훌륭한 교육 덕분에 행복한 인생을 살게 되었다. 칼 비테의 아버지가 사용한 방법은 어떤 것이었을까? 우선, 칼 비테는 태어났을 때 한 달이나 조산하여 미숙아 상태였다. 모든 행동이 굼뜨고 심지어 젖도 잘 빨지 못하였다. 그러나 그의 아버지는 아들의 감각 운동을 위해 지극정성으로 마사지와 안마를 해 주었고, 유명한 의사 선생님으로부터 약 처방도 받게 하였다. 무엇보다도 교육적인 환경을 잘 조성해서 아들이 흥미를 가지고 글자와 공부에 관심을 갖도록 배려했다. 공부를 마치 즐거운 놀이처럼 하도록 유도했다. 글자의 모음과 자음을 어른들이 사용하는 주사위처럼 만들어 줘서 어린 아들이 그것들을 쌓으면서 글자와 쉽게 친해질 수 있도록 하였다.

칼 비테는 파가니니처럼 음악을 좋아했는데 아버지는 아들의 음악적 관심사에 적극적인 지지를 해 주고 좋은 선생님도 연결해 주었다. 그의 아버지는 음악이든 공부든 즐기면서 하는 것이 가장 중요한 것이라고 강조했다. 그 영향으로 칼 비테는 음악은 즐거운 것이라는 접근동기를 형성하게 된 것이다. 칼 비테는 악기에 대해 아버지와의 즐거운 추억이 인지점화되는 접근동기를 형성하였고, 파가니니는 악기에 대해 회피동기를 형성했을 가능성이 높다. 어쩌면 파가니니에게 악기는 가까이 하기에는 너무나 먼 것이면서도 버릴 수 없는 필요악에 가까운 동기였을지도 모른다. 아버지를 거부할 수도 좋아할 수도 없었던 그는 대신 자신의 몸을 학대했다. 그에게 음악은 양가적인 동기였다. 버릴 수도 그렇다고 좋아할 수도 없는 양가적인 측면, 인생의 딜레마였을 것이다.

자녀를 노엽게 하는 것은 마음에 독을 쌓게 하는 것이다. 그 독이 외부로 향하게 되면 타인에 대한 공격성으로 치환되고 그 독이 자신에게로 향하게 되면 신경성 질환과 불안을 유발하고 극단적으로는 자살에 이르기까지 한다. 자녀의 능력을 키워 주는 것은 자녀의 인생에서 중요한 일이다. 그러나 더 중요한 것은 그것이 즐거운 경험이나 느낌이 되어야 한다는 것이다. 왜냐하면 자녀가 성공하고도 행복하지 않다면 그런 성공이 무슨 소용이 있단 말인가? 인간은 행복해야 하기 때문이다. 인생의 궁극적인 목적은 행복의 추구이며, 자신의 의미를 추구하는 것이다.

07 홈 인벤토리Home inventory (가정 관찰)

지능이 무엇이길래 부모님들은 자녀의 지능을 높이는 일이라면 그토록 노력을 기울이는 것일까? 아무튼 임신에서 출산 그리고 양육에 이르기까지 우리 부모들의 노력은 가히 눈물겹다. 일부 부모들은 자식의 지적 성취를 위해서라면 미국에까지 가서 원정 출산을 하고 불법을 저지르면서까지 외국인 학교에 등록시키기도 한다. 그런데 슬프게도 한쪽에서는 먹고 살기 힘들어 자녀를 고아원에 맡기기까지 한다.

이 글은 자녀 교육을 위한 마음은 가득하지만, 경제적 이유로 자녀교육에 박탈감을 가지고 있는 깨인 정신의 엄마들과 나누고자 한다. 필자도 원정 출산을 하거나 외국인 학교에 보낼 정도는 안 된다. 솔직히 마음으로는 부럽다. 그러나 막상 그런 환경이 된다 해도 필자의 내면화된 도덕 가치로는 용납하지 못할 것이다. 현실에서는 그런 일들을 통해 양심을 속이며 산 가짜 행복이 도적적 불안을 증폭

시키기 때문이다. 인생의 가치는 그 사람의 도덕적 가치로 평가된다. 필자의 성격 특성으로는 막상 기회가 온다 해도 그런 일은 못한다.

필자의 자녀들이 다니는 학교 하나만 봐도 필자의 성격 특성을 잘 알 수 있다. 사실 우리 집에서 가까운 학교는 건널목 하나만 건너면 된다. 그러나 행정구역상으로는 건널목을 세 번이나 건너야 하는 학교에 보내야 했다. 저학년 아동이 건널목을 건너다 버스에 치여 사망하는 불행한 일도 있었다. 그럼에도 불구하고 불법적인 주소 이전이 양심에 걸려 자녀에게 건널목을 세 번 건너야 하는 학교에 가게 했다. 필자의 자녀는 원칙주의자인 부모를 만나서 불행한 것일까? 가르치는 일을 하는 필자가 위법을 통해 자녀를 가까운 학교에 보냈다면 어찌 학생들의 눈을 마주 대하고 교육을 논할 수 있겠는가? 타인은 속일 수 있으나 하늘과 자신은 속이지 못한다. 평생 행복하게 사는 길은 양심이 시키는 대로 사는 것이다. 어쨌든 양심적으로 살다 보니 자녀에게 좋은 환경을 마련해 주는 일은 합법적인 규칙을 준수하는 범위 내에서 가능한 것이다. 투명하고 공정한 게임의 룰을 지키면서 말이다.

자녀의 지능은 아빠보다 엄마의 영향을 더 받게 된다. 가정환경을 어떻게 해 주면 지능에 좋은 영향을 미칠까? 우선, 지능은 부분적으로 미래의 학업성취와 직업에서의 지위를 어느 정도 예측해 주는 신뢰로운 면이 있다. 그리고 미래의 건강과 행복을 어느 정도 예측해 줄 수도 있다. 그러나 주의해야 할 점은 지능점수에만 의존해서는 안 된다. 지능 외에도 가정환경의 질, 자녀의 성취동기 등이 성공 요인으로 작용하기 때문이다. 가정환경에서 자녀와 상호작용을 가장 많이 하는 주 양육자는 어머니이다. 어머니의 수준이 자녀의 수준을 만드는 것이다. 어머니의 반응성, 제재 및 처벌의 회피, 놀이 환경 조성, 학습 촉진 용구, 대화의 질, 일상적인 자극 제시가 주요 매개체이다.

자녀의 지능을 높일 수 있는 어머니는 자녀와의 교육적 매개체를 고르는 안목이 뛰어나다. 줄만 바꾼다고 시가 아니고 그림만 있다고 동화책이 아니고 네모칸만 만든다고 만화책이 아닌 것이다. 지혜롭고 슬기로운 엄마는 교육 매개체도 저렴하면서 질 좋은 것을 선택하는 안목을 가지고 있다. 지혜로운 엄마는 물건을 살 때 시장조사를 철저히 하고 미리 간접적으로 실험과 추론을 해 보고 사는 경향이 있다.

자녀의 지능을 높이는 엄마는 대화할 때 희귀언어와 고급언어를 사용하는 것을 볼 수 있다. 자녀를 말(언어)에 노출시키는 것으로 만족하는 것이 아니라 자녀의 언어를 확장하거나 개작시켜 준다. 예를 들어 영아기 자녀가 '멍멍이 가'라고 했을 경우 그 엄마는 "멍멍이가 가는구나"로 언어를 확장시켜 준다. 영아기 자녀가 "멍멍이 먹어"라고 했을 경우에 그 엄마는 "멍멍이가 먹이를 먹고 있구나" 하고 원시적 문장을 개작해 준다. 또한 고급언어나 희귀언어를 사용하여 자녀의 추상적인 언어 능력을 자극하는 것이다.

학습 매개체인 책을 늘 가까이 두어 자녀가 좋은 책의 영향력 아래 놓이게 되면 친근하게 책에 접근하게 하는 것이다. 대화를 통해 음운론의 학습을 돕고 책을 통해 사회적 참조 기술과 간접경험을 하게 한다. 책을 통해 자녀들은 고급단어나 희귀단어를 반복적으로 학습하게 되는 것이다. 또한 자녀의 교육 용구를 적절하게 구입해서 비치해 두면 자녀의 교육적 흥미를 유발하게 된다.

08 교육의(국가의) 중재가 필요한 가정환경

같은 환경에서 같은 공부를 하더라도 어떤 학생은 성적이 좋고 다른 학생은 그렇지 못하다. 이러한 학업성취 격차는 개인 간뿐만 아니라 집단 간에도 나타난다. 또 남녀 간, 학교 간, 도시·농촌 간, 계층 간, 인종 간에도 나타난다. 이러한 현상은 우리가 체험하고 있는 것이며 또 연구들을 통하여 확인된 것이다.

출처: 이종각(2012). 《Basic+교육사회학》

우리나라 도시와 시골의 학습 상황을 보면 학습 격차가 매우 큰데, 두 가지 특징이 있다. 첫째는 누적적이고, 두 번째는 주요 과목에서 차이가 많이 난다.

영아기의 문화적 차이가 유아기의 발달지수에 영향을 미치고 학교에 들어가면 학업성취에도 영향을 미친다. 미국의 예를 들어 보면 1930년대 도시화·문명화되지 않은 테네시의 고립된 산간지역 원주

민들의 아이들을 대상으로 IQ 검사를 했더니 평균 지능이 85로 평균보다 15점 정도 낮게 나타났다. 그렇다면 우리나라 시골의 다문화 가족 경우는 어떨까? 이런 환경에 속한 아동은 경쟁에서 공정한 게임이 아닌 것이다. 부모를 골라서 태어나는 것이 아니기에 어린이가 처음 접하게 되는 인적 환경으로서의 어머니는 너무나 영향력 있는 자원인 것이다. 참 안타까운 일이지만 이런 아동의 경우에는 나라에서 복지 차원의 정책적인 중재가 필요하다. 공정한 게임이 될 수 있도록 하기 위해서 어른들이 불우한 환경에 처한 아동에 대한 배려가 시급하다. 그리고 아동만이 아닌 두 세대 중재, 즉 어머니와의 연계된 교육만이 효과가 있는 것이다. 소수민족 출신의 아동인 경우에 환경적 위험 요인들을 경험하게 된다. 그 나라의 주류 문화를 학습하며 내면화하는 과정에서 어머니의 미숙한 문화 학습의 영향을 받게 된다.

아버지가 직업적으로 실직한 경우 자녀에게 언어 사용이 폭력적일 수 있다. 자신이 즐겁지 않으면 아내나 자녀에게 화를 많이 내게 되는 것이다. 인간은 혼자서 살 수 없는 생태학적인 존재로서 아버지는 직업적으로 유능함을 인정받을 때 가족과도 질 높은 상호작용을 할 수 있는 것이다. 어머니가 중등학교를 졸업하지 못한 경우도 아동의 지능에 환경적 위험 요소가 될 수 있다. 어머니가 중등학교를 졸업하지 못한 경우 추상적인 사고 능력이 부족할 수 있기에 자녀도 어머니의 영향을 받을 수 있다. 또한 어머니가 빈약한 정신 능력을 가지고 있고 불안하고 스트레스를 많이 받을수록 위험하다.

무엇보다 중요한 것은 어머니가 자녀에게 긍정적 애정을 가지고 있지 않은 경우에 자녀의 지능 발달에 악영향을 미치게 된다. 자녀가 긍정적인 보살핌을 받지 못하거나 다독이는 애정과 관심을 받지 못하면 많은 스트레스에 노출된다. 스트레스 호르몬에 일시적으로 노출되는 것은 상관없지만 지속적으로 노출될 경우에는 위험하다. 어머니의 스트레스가 장기적이며 지속적일 때 태아 뇌의 구조적, 기능적 성장에 나쁜 영향이 탯줄을 통해 전달된다. 이렇게 되면 성장 과정에 있는 태아기와 영아기 자녀의 뇌는 신경체계 성장이 멈추거나 기능을 제대로 하지 못하게 된다. 스트레스를 받을 때 나오는 코티졸 호르몬은 뇌의 신경체계를 변화시켜 제대로 작동하지 못하게 하는 것이다. 뇌의 기능이 제대로 작동하기 위해서는 태아기 때부터 어머니의 안정된 마음을 통해 안정의 호르몬, 기쁨의 호르몬, 감동의 호르몬을 공급 받아야 한다. 그래야 뇌의 구조가 제대로 발달된다. 태아기 때 어머니의 핵심 정서와 감정은 탯줄을 통해 자녀에게 호르몬으로 연결된다. 장기간 스트레스에 노출된 어머니의 뇌가 변화하는 것처럼 뇌의 신경계들이 형성되는 시기인 태아는 직간접적으로 어머니의 정서 호르몬에 영향을 받는다. 구조적으로 잘 형성된 뇌는 두뇌 발달과 지능 발달에 있어서 기초가 되는 것이다. 지능이라는 건축물의 기초 형성은 태아기 때부터 시작되는 것이다.

아버지의 부재도 자녀의 낮은 지능과 관련된 위험 요인이 될 수 있다. 전통적인 아버지의 역할은 주로 양심이나 규칙을 제시한다. 이러한 역할을 맡은 아버지의 부재는 장기적으로 지적인 결손을 가져오게 한다. 아버지가 없는 가정의 어머니는 양심과 사회적인 규칙을 내면화시킬 수 있는 경험들, 즉 도덕적 매뉴얼을 가지고 있어야 한다. 이를 통해 아버지의 부재로 발생되는 위험을 어느 정도 상쇄시킬 수 있다. 물론 위험 요소들이 있다고 자녀의 지능이 다 낮은 것은 아니다. 다만 여러 가지 위험 요인들의 상호작용을 주의해야 한다.

09 대화의 중요성 (대화의 질은 어휘력 차이)

짐 트렐리즈의 《아이의 두뇌를 깨우는 하루 15분 책 읽어 주기의 힘》이라는 책이 있다. 이 책에서는 부모의 대화의 양과 질 두 가지 모두 중요함을 시사하고 있다.

책의 내용은 생활보호대상자층, 근로자층, 전문직 층을 대표하는 42가정을 선별하여 부모와 자녀의 대화를 녹취하고 행동을 기록한 것이다. 연구진은 아이가 7개월일 때부터 2년 반 동안 일주일에 한 번씩 가정을 방문하여 대화 내용을 정리하였다. 부모가 자녀와의 대화에서 사용하는 문장은 세 가지로 긍정(참 잘했어), 금지(하지 마, 안 돼!), 질문(사과가 어디 있을까?)으로 요약되었다. 놀라운 일은 계층에 상관없이 공통된 것을 가르친다는 것이었다. 부모와 자녀의 대화에는 계층에 상관없이 긍정, 금지, 질문으로 함축되어 있는 것이다. 부모의 심정은 같다는 것을 함의해 주는 좋은 예라 볼 수 있다. 이것은 자녀를 훈육함에 있어 긍정적인 가능성을 의미하고 있다. 그러나 계층 간의 다른 점이 있다면 계층 간의 어휘의 양이었다. 각 계층별로 매일 사용하는 단어의 수를 4년 기준으로 계산했을 때 전문직 가정의 5세 된 아이는 4,500만 단어를, 근로자 가정의 아이는 2,600만 단어를, 생활보호대상자 가정의 아이는 1,300만 단어를 들은 것이다. 이 세 아이는 같은 날 어린이집에 입학하고, 초등학교에 들어가게 될 것이다. 그중 생활보호대상자 가정의 아이는 전문직 가정의 아이보다 3,200만 단어나 되는 들어 본 적이 없는 생소한 용어를 듣게 될 것이다. 어휘력이 뒤처진 아이를 교사가 1년 안에 보충해 주려면 초당 10단어씩 900시간을 말해 주어야 한다는 결론이 도출된다.

아무리 국가에서 정책적으로 지원을 한다 할지라도, 누적 효과는 사라지기 어려울 것이다. 어린 시기에는 어휘의 양이 중요하다. 양은 질로 변화되기 때문이다. 엄마의 어휘력이 자녀의 어휘력에 영향을 미치는 것은 자명한 일이다.

아이의 행동을 모니터링하거나 같이 놀아 주면서 대화에서 '긍정' 해 주는 것이 중요하다. 아이에게 무관심한 것이 아니라 아이가 잘한 일에 대해 긍정적인 칭찬을 해 주는 기법을 통해서 그 행동은 강화될 것이며 미래에 그러한 행동의 출현 빈도를 높여 준다.

또한 아이가 이타적인 행동이나 바람직한 행동이 내면화되어 습관으로 자리 잡을 때까지 긍정적인 강화인을 자주 사용하는 것이 좋다. 그러면 자녀의 내면은 자아에 대해 긍정적인 작동 모델을 형성하여 스스로를 인정하는 자존감을 발달시킬 수 있다.

아이들은 때로 공격성을 보이거나 의도적으로 무엇을 망가뜨리기도 한다. 그렇다면 언제부터 금지 언어를 사용하는 것이 적절할까?

3세 정도가 되면 편도가 발달하는데 이때가 부모의 금지 언어를 이해하기 시작하는 시기이다. 편도는 정서를 담당하는 중추로서 두려움을 느끼는 곳이다. 두려움을 느끼면 그행동을 하지 않게 되는 것이다. 인간은 사회적 동물로서 타인과 교류하며 살아가는 존재이다. 자녀가 바람직하지 않은 행동을 할 때 '금지' 언어로서 그 행동을 하지 말 것을 요구해서 자녀의 행동을 통제해야 한다.

마지막으로 부모는 자녀에게 질문을 해야 한다. 질문을 통해 아이들은 새로운 단어를 습득하고, 어휘력을 확장하며, 문장을 개작하거나 확장하기도 한다.

부모들은 대화를 할 때 자신이 가지고 있는 어휘를 통해 자녀와 대화한다. 자신의 어휘 수준이 어느 정도인지 체크하고, 어휘력에 자신이 없다면 신문이나 책을 통해 보완해 나가자. 그리고 자녀에게 구체적인 단어를 사용하는 것도 중요하지만 의도적이고 계획적으로 추상적인 언어를 많이 사용하자. 아기들도 언어를 많이 반복해 주면 좋아한다. 어린 영아들은 엄마의 부드럽고 높은 목소리를 좋아한다. 추상 언어가 많이 들어 있는 시에 운율을 넣어 자장가로 불러 주는 엄마가 되어 보자. 자녀의 어휘력에 많은 도움이 될 것이다. 첫돌까지의 시기는 수용언어가 계속 발달하는 기간이므로 아이가 경청할 수 있는 동화와 시, 음악을 들려주자. 재미있는 음악은 아이들의 경청 능력을 발달시켜 준다.

| 1천 단어당 희귀 단어의 수 |

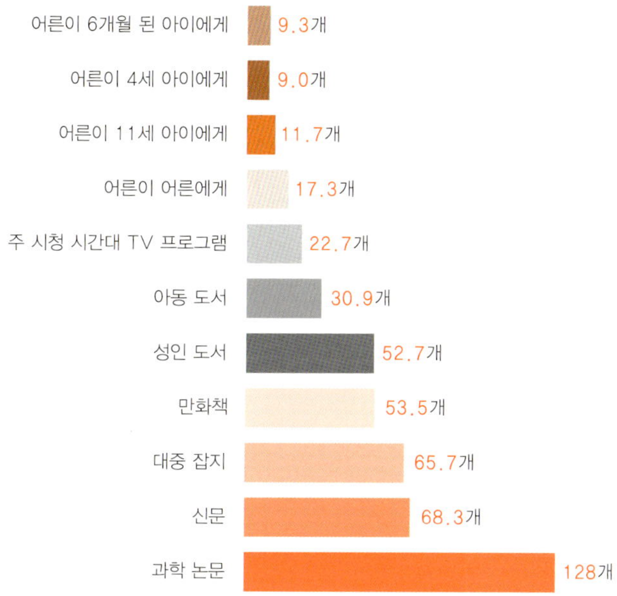

출처: 짐 트렐리즈의 《아이의 두뇌를 깨우는 하루 15분, 책 읽어 주기의 힘》

10 도덕성을 키워 주는 엄마

자녀가 태어나면 부모로서 가장 걱정하면서 바라는 것이 있다면 무엇이 있을까? 어느 부모든 자녀가 도덕성을 가지고 타인을 돕는 사람이 되길 바란다. 자녀의 도덕성을 무엇으로 키워 줄 수 있을까? 아이들은 태어나면서 도덕성의 씨앗을 가지고 태어난다.

어린 영아들을 대상으로 아동발달학자가 실험을 했다. 뇌의 전두엽이 미성숙한 영아들이 과연 타인에 대해 관심이 있을까? 이타적인 행동의 씨앗이 될 수 있는 타인의 울음에 어떤 반응을 할까? 어린 영아에게 두 가지 울음 테이프를 들려주었다. 그리고 영아의 반응을 살피는 것이었다. 시차를 두고 한 영아에게 두 번의 '울음' 소리를 들려주었다. 첫 번째는 자신의 울음소리가 녹음된 것을 들려주었고, 두 번째는 다른 영아의 울음소리가 녹음된 것을 들려주었다. 결과는 어땠을까? 어린 영아들이 자신의 울음소리를 알아채고 울지 않았고, 다른 영아의 울음에는 따라 우는 반응을 보였다. 인간은 타인의 고통에 민감하도록 선천적으로 프로그램되어 있는 것이다. 이런 영아의 이타적인 작은 씨앗이 열매 맺기 위해서는 좋은 밭도 필요하고, 영양분, 그리고 햇빛도 필요하다. 작은 씨앗에는 큰 나무가 될 수 있는 모든 유전적 정보가 들어 있다. 도덕성 형성을 위해서는 좋은 역할 모델링이 필요하고, 타인을 연민할 수 있는 정서반응, 그리고 행동으로 옮길 수 있는 용기도 필요하다. 동양에서도 인간에게는 4단 7정이 있음을 주목하고 있다. 그러나 씨앗이 있다고 다 나무로 자라고 열매 맺는 것은 아니다. 자녀들이 도덕성을 내면화하기 위해서는 도덕적 매뉴얼을 체험할 수 있는 경험이 있어야 한다.

우선 이타적인 행동을 하기 위해서는 인지, 정서, 행동이 통합을 이루어야 한다. 우선 도덕적인 추론(인지)을 할 수 있어야 하고, 윤리적인 행동을 하기 이전에 정서적인 감동이 있어야 한다. 마음이 움직이면 몸도 움직이기 쉽다. 그리고 머리로 인지하고 가슴으로 느낀 것을 몸으로 움직여서 실천할 수 있어야 한다.

그러면 어떤 부모가 자녀들을 도덕 가치가 내면화된 성숙한 성인으로 키울 수 있을까? 1970년에 Martin Hoffman은 부모들의 양육기법을 문헌 연구하였는데, 세 가지 주요 접근법이 있었다.

주요 접근법의 첫 번째는 '애정 철회' 방법이다. 자녀가 잘못된 행동을 했을 때는 부모가 애정이나 승인 등을 보이지 않으면서 애정을 주지 않으므로 자녀의 불안을 유발하는 방법이다. 두 번째 접근 유형은 '힘에 의존하는 주장 기법'으로 아동의 잘못된 행동을 통제하기 위해 힘을 사용해서 명령이나 체벌을 하거나 자녀의 특권을 철회하는 것이다. 마지막으로 '귀납적 접근법' 유형은 자녀의 행동이 왜 나쁜지, 타인에게 어떤 영향을 미치게 되는지 강조하고, 위해행동을 다른 방법으로 어떻게 해결할 수 있는지 생각해 보게 하는 것이다.

연구 결과는 세 가지 접근법 중에서 귀납적 접근법에 의한 설득형의 부모가 자녀의 도덕성에 가장 좋은 영향을 주는 것으로 나타났다. 애정 철회나 힘에 의존하는 접근법은 자녀의 도덕적 성숙을 증진하는 데 영향을 미치지 못하는 것으로 나타났다. 애정 철회나 힘에 의존하는 주장은 자녀를 화나게 만들어 부모로부터 심리적 거리를 갖게 하고 마음을 닫게 만들 수 있다. 귀납적 접근법은 도덕성의 세 측면인 도덕 정서, 도덕 추론, 도덕 행동의 발달을 촉진시키는 것으로 나타났다.

귀납적 접근법은 우선, 아동들이 스스로 부모의 요구에 순종하게 하고 불쌍한 사람들에 대한 동정심과 공감을 불러일으키는 대화와 설득의 방법을 사용한다. 이 방법이 효과적인 것은 부모가 부드럽게 이론적인 설명을 제공해 주므로써 아동은 행동 평가의 기준점을 갖게 되는 것이다. 두 번째, 도덕 감정에 대해 느끼게 해 준다. 타인이 어려움에 처했을 때 도움을 주면 스스로 자긍심이 생기고 도움을 주지 못하면 죄책감이나 수치심을 갖게 되므로 바람직한 행동은 나를 행복하게 만든다는 것을 깨닫게 해 준다. 결국 도덕적으로 살아가게 되면 자긍심이 높아져서 만족감과 행복감이 충만해진다. 자녀들이 도덕성의 세 측면에 주의를 기울이고, 통합하여 실천하는 도덕사회화는 부모와의 부드러운 대화와 설명에서 출발한다고 볼 수 있다.

11 정약용이 책 배달 왔소

하루를 행복하게 보내려면 미장원에 다녀오고, 한 달을 행복하려면 차를 사고, 세 달을 행복하려면 집을 사고, 1년을 행복하려면 결혼을 하라는 말이 있다. 그렇다면 평생을 행복하려면 어떻게 해야 할까? 그것은 바로 양심이 시키는 대로 하는 것이다. 가슴이 시키는 행동을 하면 행복하고, 가슴이 시키는 대로 일하면 행복하며, 가슴이 시키는 실천을 하면 자부심이 든다. 도덕성을 지키면서 사는 것이 가장 행복하다.

정말 생산성과 효율성만을 생각하고 행동하면 웬지 찜찜하다. 웬지 강의를 해도 자기 지식 자랑만을 한 것 같다. 그렇게 하지 않고 듣는 수강생을 생각하는 강의를 하면 양심이 흡족해한다. 자신의 감각을 속이지 말라. 자신의 감각을 속이고 무시하면 언젠가 감각이 당신을 모른 체한다. 눈은 보고, 귀는 듣고, 발은 다가가고, 머리는 생각하고, 심장은 느낀다. 심장이 느끼는데 당신의 손과 발이 움직이지 않는다면 그 사람은 머리만 아픈 도덕과 윤리를 하며 사는 것이다. 지행합일이 없는 '머리만 아픈' 윤리이다. 한 가지를 알아도 감각적으로 느끼며 살아 있는 윤리와 양심을 지키자. 측은지심으로 인간을 바라보라. 눈에서는 눈물이 흐르고, 손은 그 사람을 돕고, 마음은 느낄 수 있고, 발은 달려갈 수 있는 양심을 가져 보라.

엄마의 양심과 윤리만큼 자녀도 성장하게 된다. 그러므로 엄마가 생각하고, 느끼고, 눈물 흘리고, 다가가는 만큼 자녀도 자신의 양심에 민감할 것이다. 자녀가 양심대로 할 것인가 아닌가는 엄마의 양심 수준이 결정한다. 자녀가 도덕성을 갖추고 살 것인가 아닌가는 엄마의 도덕 수준이 결정한다. 자녀가 윤리와 가치를 갖추고 살 것인가 아닌가는 엄마의 윤리 수준이 결정한다.

일상생활에서 적용할 수 있는 엄마표 도덕성의 하위 영역은 크게 다섯 가지로 분류할 수 있다. 다섯 가지 도덕성은 정직, 약속, 책임감, 배려, 소유이다. 정직은 상황을 봐가면서 정직한 것이 아니다. 사회정의 원칙을 기준으로 가족과 타인에게 일관성 있게 정직해야 한다. 특히 우리가 쉽게 정직함을 어기는 예로 놀이동산에서 입장료가 아까워서 자녀의 나이를 속이는 경우가 있다. 이럴 때도 정직해야 한다. 자녀의 시선이 부모를 보고 있다. 약속은 중요하다. 어떤 사람과 선약을 한 후 그와 똑같은 시간에 다른 사람과 약속을 잡게 되었을 경우, 흔히 우리는 후에 잡힌 약속이 더 중요한 사람이라면 그 약속을 우선시하는 경향이 있다. 이것은 도덕성의 약속 원칙에 위배된다. 약속 대상이 누구인가를 막론하고 선약이 중요하다. 책임감은 성숙한 시민의 필수 덕목이다. 누가 시켜서, 누가 볼 때만 열심히 공부하고, 열심히 휴지 줍는 것이 아니라 자신이 주인이라는 생각으로 자신을 모니터링하면서 살아가야 한다. 그렇게 되면 책임감을 스스로 터득하게 된다. 아는 사람에게만 배려하는 것이 아니라 모르는 사람에게도 배려를 해야 한다. 물론 가까운 주변부터 배려는 시작된다. 가족과 과일을 먹을 때 부모는 맛있는 것을 자녀 앞에 놓아 준다. 부모에게도 자녀가 그렇게 해 주도록 반드시 가르쳐야 한다. 교육에 의해서 도덕성도 자란다. 자녀에게 배려를 베풀기만 하면 대접만 받으려고 한다. 자녀가 인간관계에서 대접받게 하려면 반드시 대접하는 행동도 가르쳐야 한다. 통닭을 먹을 때, 먼저 "아버지 통닭다리 드세요" 하고 아버지께 닭다리를 대접하게 한다. 이와 같이 가정에서 훈련된 아이들은 남을 대접하고 배려할 줄 알게 된다. 훈련과 교육에 의해서 인간은 교양과 지성적인 인격체로 변화하게 되는 것이다. 마지막으로, 소유가 중요하다. 우리나라 광고에서 재미있는 상황으로 설정되어 화재가 되었던 장면이 있다. 한국인의 행동을 풍자한 듯하다. 길거리에 만 원짜리가 떨어져 있는 것을 보고는 누가 볼까 봐 빨리 신발로 밟는다. 그리고는 눈치를 보면서 재빠르게 손으로 만 원을 집는다. 상황이 코믹하고 재미있다. 알게 모르게 아이들은 이런 어른의 행동을 모방한다.

이 세상의 물건에는 내 것, 네 것, 우리 것이 있다. 소유 개념을 분명히 가르치자. 남의 것은 허락을 받고 만지게 한다. 그리고 공공 물건은 우리의 것이니 더 소중히 다루자.

12 의미를 추구하는 사람으로 키우라

어떤 사람이 가장 강한 사람일까? 《죽음의 수용소에서》라는 책을 쓴 빅터 프랭클에 의하면, 생명력이 가장 강한 사람은 육체적으로 힘이 센 사람도 아니고 지적으로 뛰어난 사람이 아니라 바로 생의 의미를 깨닫는 사람이다. 이런 사람은 극한 물리적 환경에서도 살아남는 사람이라고 한다. 주지하듯이, 아우슈비츠는 추위와 죽음의 공포, 그리고 굶주림과 인간 학대가 역사적으로 전무후무한 잔인한 수용소였다. 죽음의 수용소에 격리되었던 유대인들 중에 가장 오래 버티며 살아남은 사람들은 바로 인생의 의미를 추구해 그곳에 온 목적을 기억하고 삶에 적용한 사람들이었다. 수용소에서 추위와 굶주림에 처해 있을 때 그들은 생의 의미와 하나님의 초월성에 대해서 묵상했다. 그들은 작은 풀잎과 새들의 지저귐 속에서 자연이 주는 감동에 대해 마음을 열었다. 그들은 바로 코앞에 다가온 죽음 덕분에 오히려 더 현상적인 삶에 대해 집중할 수 있었다. 언제 죽을지 모르는 죽음에 집중한 것이 아니라, 지금 경험하고 있는 삶 자체를 더 집중하고 즐기게 되었다. 그들은 살아남아서 반드시 해야 할 일과 돌아가서 만나야 할 가족들을 떠올렸다. 그들은 자신에게 매일매일 희망을 되새기는 사람들이었다.

어떤 뱃사람이 여러 선원들과 고깃배를 타고 바다 멀리 나갔다. 갑자기 고깃배는 광풍을 만나 뒤집혔다. 많은 선원들이 간신히 몸을 의지할 수 있는 널빤지에 자신의 몸을 지탱했다. 그렇게 여러 시간이 지났고 밤이 되었다. 생과 사의 갈림길에서 많은 사람들이 추위와 배고픔에 지쳐서 자신의 삶에 대한 의지를 버렸다. 그리고 잠의 달콤함에 깊숙이 빠져 들어갔다. 그들은 모두 죽고 말았다. 그러나 그중 한 사람은 죽음의 그림자처럼 찾아오는 잠을 쫓기 위해 사랑하는 홀어머니를 떠올렸다. 그리고 노래를 부르기 시작했다. 이렇게 생에 대한 24시간의 격렬한 사투 끝에 '구조선'이 도착했고 다행히 구조되었다. 생의 기로에 서 있을 때 우리를 살게 하는 힘은 육체적인 힘이 아니다. 바로 자신을 살게 하는 '의미'이다. 살아남은 그 사람은 홀어머니의 인생의 의미였고, 희망이었다. 그렇기에 살 수 있었고 존재할 수 있었다. 우리의 자녀도 의미를 추구하는 사람으로 키워야 한다. 이런 사람들은 물리적 환경이 아무리 어렵고 힘들다 할지라도 쉽게 좌절하거나 포기하지 않는다. 사람과 사물을 깊이 바라보게 하자. 깊이 바라본다는 것은 사물의 겉으로 드러나 있지 않은 것을 볼 수 있도록 마음으로 듣고 마음으로 보는 것이다.

어떤 사람들은 인간의 행복을 외적인 곳에서 찾으려 한다. 그래서 먹고 마시고 입는 것에만 초점과 관심이 모아지는 사람들도 있다. 그리고 사회적인 권력이나 명예를 추구하는 사람들도 있다. 이런 것을 추구하는 사람들은 외적인 조건이 조금만 채워지지 않으면 그 어려움에서 회복하기 어려워한다. 중년에 이러한 외적 고난에 처하게 되면 불행한 선택으로 삶을 마감하기도 한다. 이른 시기부터 성공만 하고 승승장구하는 삶을 살다가 외적인 부와 권력, 명예를 얻었다 할지라도 언젠가는 내려놓아야 한다. 의미를 추구하는 삶을 사는 사람들은 부, 권력, 명예를 내려놓는 모습도 아름답다. 이런 사람들은 자리에 연연하지 않고 새로운 세계로 출발하는 여행자처럼 늘 생명력이 넘친다. 돈과 부에, 자리에, 권력에, 명예에 집착하지 않는다. 집착하지 않으니 스스로와 타인에게 만족하고 최선을 다하며, 순수하다.

우리의 자녀들이 자리에, 결과에 집착하지 않게 하려면 과정을 즐기고 지금 여기에 최선을 다하는 충만함으로 세상을 인식하는 사람으로 키워야 할 것이다. 그리고 무엇보다 마음이 이끄는 것을 외면하는 것이 아니라 적극적으로 선택하는 삶을 살게 해야 할 것이다. 유대인을 삼만 명 이상 구한 일본의 쉰들러였던 스키하라처럼……. 자녀 스스로 의미를 찾고 누군가에게 의미를 주는 사람으로 키우자.

13 가정적 자아 정체성 찾아보기

필자는 마흔 가까운 늦은 나이에 둘째로 딸을 얻었다. 늦둥이이다 보니, 딸은 아빠의 엔돌핀이고 다이도르핀이 되었다. 이것을 보고 초등학교 4학년이 된 첫째 아들은 나날이 '여동생 따라잡기 행동'을 보인다. 동생처럼 혀 짧은 소리를 내기도 하고, 동생처럼 스킨십을 원한다.

그래서 하루는 일정을 잡고 오빠로서의 의미를 찾고 오빠만이 할 수 있는 '대안행동'을 토론해 보았다. 우선 '잔소리'보다는 비유나 상징적인 이야기를 사용했다. 직접적으로 말하면 아들의 자존감에 상처를 줄 것 같고, 자존심이 상하면 아들은 그때부터 방어적 행동으로 '짜증', '힘겨루기'를 하게 되므로 최대한 존중해 주는 방법을 사용했다. 동화 '호랑이와 작은 아기 여우'를 들려주었다. 그 내용은 다음과 같다.

숲 속을 지나던 어떤 사람이 부모를 잃은 아기 여우 한 마리를 보고 이 여우가 어떻게 먹이를 구하는지 궁금해졌다. 그때 마침 으르릉거리며 먹이를 잔뜩 먹은 호랑이 한 마리가 아기 여우에게 다가오는 것을 보았다. 호랑이는 배불리 먹은 뒤여서 남은 먹이를 아기 여우 곁에 두고 사라졌다.

하나님은 다음 날도 그 호랑이의 도움으로 아기 여우를 먹이셨다. 그는 하나님의 위대한 선을 보고 놀라면서 혼자 중얼거렸다. '나도 하나님을 온전히 믿고 한쪽에 가서 쉬어야겠다. 그러면 내게 필요한 것은 모두 하나님께서 주실 거야!' 그는 며칠 동안 그렇게 해 보았지만, 아무 일도 일어나지 않았다. 불쌍하게도 그가 너무 허기져서 거의 죽게 되었을 때, 신비스러운 목소리를 듣게 되었다. "너는 그릇된 길을 걷고 있구나. 눈을 뜨고 진리를 보아라! 너는 호랑이의 본을 따라야 한다. 아기 여우를 흉내 내는 일은 그만두어라." 그때 그는 얇은 옷을 입은 채 추위에 떠는 소녀가 따듯한 음식을 구하려고 서성대는 모습을 보았다. 그는 화가 치밀어 하나님께 대들었다. "하나님 어찌하여 이런 일을 내버려 두십니까? 왜 저 어린 소녀에게 자비를 베풀지 않으시죠?" 한동안 하나님께서 침묵하시더니, 그날 밤에 은밀히 말씀하였다. "나는 분명히 뭔가를 했었지. 내가 널 만들어 놓았으니까!"

아들아! 동화의 요점은 무엇일까? 누구나 역할놀이를 할 때 같은 행동과 같은 수고를 하고 있는 것은 아니란다. 모두 나 도움만을 바란다면 어떻게 될까?

아기 여우는 도움을 받는 대상이지. 그리고 호랑이는 도움을 주는 자신의 의미를 깨달으며 살아간다. 우리라는 전체 안에서 아들은 어떤 존재이고 어떤 의미를 발견할 수 있을까?

오빠가 갖는 '진정한 의미'는 무엇일까? 주는 기쁨이 클까 아니면 받는 기쁨이 클까?

우리 안에는 각각 정해진 길이 있단다. 엄마도 '맏이'라서 동생들에게 많이 주었단다. 아들도 받고 싶은데 주는 것이 때로 좀 어려울 때도 있지?

오빠로서 동생에게 해줄 수 있는 일이 무엇이 있을까? 아들은 호랑이 같은 능력을 가지고 있단다. 스스로 능력을 생성할 수 있는 사람이고 동생은 그런 능력을 개발해야 한단다. 아들이 먼저 모범을 보이면, 동생도 따라 할 수 있을 거야. 아들이 먼저 그런 모범과 본보기를 보여 줄 수 있겠지?

아들은 더 큰 그릇으로 만들어 주셨어. 그런데도 자신의 소질과 재능을 사용하지 않고 호랑이로서의 삶을 살지 않는다면 자신의 능력은 자랄 수가 없단다. 이제부터는 너의 재능을 온전히 사용해서 네가 만나는 사람에게 선을 행할 수 있겠지? 우선 직접적으로 너의 도움이 필요한 동생에게 너의 재능과 소질을 사용해서 더 나은 세계를 만들어 보렴.

그냥 있는 세계로부터 마땅히 있어야 할 세계를 창조해 나가는 거지. 너무나 멋지지 않니?

필자의 아들이 호랑이로서 자존감을 갖고 '주는 기쁨'을 느껴 보길 희망하면서 대화를 정리했다. 그렇게 '주는 기쁨'을 알게 될 때 진정한 어른이 되는 것이리라.

14 자녀의 뇌를 깨우는 오감 놀이

자녀가 공부 잘하기를 바라는가? 그렇다면 조금 색다른 자녀교육을 해 보자.

피아제Piaget는 0~2세 시기를 '감각운동기'로 보았다. 이 시기에는 사물을 배우거나 인식하게 될 때 감각으로 배운다는 것이다. 인간은 정보로 사고하고 사고로 행동한다. 처음 정보를 받아들일 때 자신의 오감각을 사용하여 정보를 읽는다. 정보를 읽은 후에는 단기기억을 하고 인식들을 잘 저장하려고 암송을 한다. 암송을 하게 되면, 장기기억에 저장이 잘 되어 언제든지 꺼내 쓰기 쉽게 되는 것이다. 그런데 감각운동기가 지난다고 감각을 사용하지 않는 것이 아니다. 환경에 잘 적응하려면, 우리의 감각을 잘 활용할 수 있도록 해야 한다. 감각이 둔해지면 우선은 생존에도 안 좋은 영향을 미치고, 나아가서는 인식에서도 기억력이 떨어진다. 즉, 입력에 둔해지게 되는 것으로 정보를 받아들이는 초기 작업에서 둔감해지는 것이다.

머리는 좋은데 자신의 감각에 민감하지 못한 것이 요즘 현대인들의 특징이다. 몸의 질병이 올 때도 먼저 통증의 감각으로써 병의 초기를 알린다. 몸의 균형이 깨졌을 때 감각에 예민한 사람들은 자신의 몸 상태를 쉽세 감지하고 쉬거나 에너지를 보충한다. 그러나 민감하지 못한 사람들은 몸을 계속 혹사하다가 '과로사'하는 것이다. 자신의 오감각에 민감해 보자. 어렸을 때부터 오감각을 잘 느끼고 활용하는 자녀는 환경에 더 잘 적응한다.

시각, 청각, 미각, 후각, 촉각 등의 실천적인 레파토리로 자녀에게 접근해 보자.

자녀의 시각을 활성화시키는 놀이로 '명화 놀이'와 '색깔 놀이'가 있다. '명화 놀이'는 명화 카드를 텔레비전의 빠른 광고처럼 속도감 있게 넘기면서 제목을 말해 주는 것이다. 이것은 영재교육의 한 방법이었던 '도트 카드' 활용법과 비슷하다. 영아기에는 빠르게 움직이는 사물에 시각적 주의를 기울이는 특징이 있으므로 자녀의 시각 활성화에 도움이 된다.

청각을 활성화시키는 놀이로는 가사가 있는 동요와 가사가 없는 클래식 음악으로 놀아 주는 것이 좋다. 클래식의 예를 들면 발트 토이펠의 '스케이팅 왈츠'를 틀어 주면서 어린 자녀를 포근하게 안아서 가볍게 움직여 준다. 가사가 있는 동요는 엄마의 육성으로 자장가처럼 매일 들려준다. 주의할 점은 아이가 인식할 때까지 여러 번 반복해 주는 것이 좋다.

미각을 활성화시키는 방법 중에는 모유만큼 좋은 것이 없다. 분유는 365일 일정한 맛이 내기 때문에 아이가 다양한 맛보다는 인스턴트 음식을 더 좋아하게 할 수 있는 조건이 된다. 모유는 엄마의 영양 상태, 기분 상태, 먹은 음식에 따라 그 맛이 다양하게 나타난다. 모유를 먹이는 것은 자녀의 미각에 좋은 영향을 미치게 된다.

후각의 활성화를 위해서는 다양한 냄새를 맡게 해 준다. 먼저 엄마의 냄새가 가장 의미 있을 것이다. 그리고 자연에서 나는 각종 과일, 꽃, 나무의 냄새를 맡게 해 준다. 각종 허브오일로 마사지해 주면 더 좋을 것이다. 자녀의 피부 상태를 파악하고 적당한 오일을 찾아서 마사지해 주면 후각과 촉각이 일찍부터 통합되어 자녀의 두뇌 성장을 촉진시켜 준다. 자녀의 즐거운 경험은 하나의 뉴런이 되어 통합된 경험으로써 자녀의 두뇌에 '연접' 현상을 촉진시켜 두뇌 발달이 신속히 일어나게 된다.

자녀와 함께 할 수 있는 놀이로 '비눗방울 시나리오'를 추천한다. 이 놀이를 통해서 시각과 촉각이 통합된다. 따듯한 날 산책하면서 비눗방울을 불어 보여 주거나 직접 느끼게 해 주는 것이 좋다. 걷지 못하는 자녀는 엄마가 불어 주면서 만져 보게 하고, 걸어 다니는 자녀는 직접 불게 도와주면서 비눗방울을 만져 보게 한다.

영아기 자녀들이 흥미 있어 하는 또 한 가지가 있다. 엄마가 작은 손수건으로 얼굴을 가리고 있다가 수건을 내리면서 얼굴을 보이며 '까꿍' 하는 것을 반복하면 된다. 이 놀이를 자주 해 주게 되면 자녀의 시각과 청각이 좀 더 일찍 통합된다.

건강한 아이로 태어난 아동의 두뇌는 천재적인 상태이다. 그 뇌에 어떤 습관을 새기느냐는 환경의 몫이다. 자녀가 만나는 최초의 환경은 바로 어머니이다. 자녀의 오감각에 민감한 영향을 미쳐 최적의 두뇌 발달을 불러일으키는 것도 어머니인 것이다. 그래서 어머니는 위대하다.

15 칸트에게서 배우는 교육과 양육의 원리

칸트는 결혼도 안 했는데 어떻게 실험도, 경험도, 실재도 없이 자녀 양육에 대한 통찰력 있는 조망이 가능했는지 의문이다. 칸트는 에니어그램 유형 중 어떤 유형이었을까? 그는 머리형, 장형, 가슴형 중에서 어떤 유형이었을까? 머리형이었을 것이다. 머리로 무엇을 깊이 생각하다 보니 주위의 시선과 배경은 관심이 없었을 것이다. 그래서 그는 보통 사람이 볼 때는 좀 이상한 사람이었을 것이다. 칸트는 깊은 통찰력으로 자녀에게 꼭 필요한 교육의 방향을 제시해 주었다. 칸트의 가르침은 우리 자녀교육에 많은 함의를 제공한다.

칸트는 인간에게 가르쳐야 할 것을 크게 4가지로 분류하고 제시했다. 우선 아기가 태어나면 동물성과 야수성을 길들여야 한다고 했다. 두 번째는 직업인으로서 자신의 목적을 이룰 수 있도록 능력을 개발시켜 주어야 한다고 했다. 세 번째는 사회적 동물로서 대인관계 기술를 익혀야 한다고 했다. 마지막으로는 무엇을 할 때 '선한 목적'

만을 추구할 수 있는 심력을 길러야 한다고 했다.

아이들은 대개 동물적 본성으로 사랑에 약한 부모를 잘 안다. 그래서 아이들은 부모의 사랑을 담보 삼아 힘 겨루기를 잘한다. 인간의 아기들은 머리가 좋다. 나쁘게 말하면 부모의 머리 꼭대기에 앉아서 부모를 조정하기조차 한다. 예를 들면 아기들의 위는 아직 성장기에 있어 조금만 비위에 맞지 않거나 싫어하는 음식이 나오면 거부를 한다. 제일 먼저 보이는 행동이 바로 '울기'이다. 그래도 안 된다 싶으면 토한다. 정말 4~7세 된 유아들조차도 토한다. 이때 양육자가 과민반응을 하면 그 행동이 고착된다. 그냥 대수롭지 않게 반응을 해야 하는데 이때 부모가 지나친 관심이나 놀라는 표정으로 '힘 겨루기'에서 패배를 인정하면, 아이의 음식 거부 행동은 고정적으로 나타나기 쉽다. 물론 이때 병으로 그런 것인지 아니면 '힘 겨루기'에서 부모를 누르려고 하는 것인지를 잘 살펴야 한다. 이런 식으로 아이들은 부모의 사랑을 저울질하고 보챈다. 전두엽이 교양과 참을성을 만드는데 아이들은 아직 성장기에 있어서 '야수성' 혹은 '동물성'이 나오는 것이다. 이것은 훈련과 교육에 의해 바람직하게 전환된다. 그러나 훈련받지 않고 교육받지 않으면 어른이라도 교양과 참을성이 없다. 이런 어른이 바로 몸만 어른인 '전두엽 미성숙자'인 것이다. 남을 배려하지 못하는 어른, 분별력 없는 어른이 얼마나 많은가?

부모로서 자녀들이 교양과 인내심뿐만 아니라 자신의 목적을 이룰 수 있도록 직업인으로서의 삶에도 관심을 갖게 해야 한다. 능력을 키워 주기 위해 학교 공부에도 충실하고, 취미와 악기 다루기 외의 각종 문화 행사에도 적극 참여하게 한다. 그러면 그러한 과정들을 통해 아이가 잘하는 점을 찾을 수 있고 잘하는 일에 몰입하다 보면 능력을 개발하게 된다.

그리고 주목할 점은 무엇보다 사회성을 가지고 타인을 배려하고 남과 잘 어울릴 수 있는 인성의 소유자로 키우는 것이다. 잘 웃는 아이, 긍정적인 아이, 칭찬을 잘하는 아이, 대화할 줄 아는 아이로 키운다면 대인관계 능력도 좋아진다.

가장 중요한 점은 무엇을 하더라고 과정 중에 '선한 목적'만을 추구할 수 있는 심성을 가꿔야 한다. 이 사회는 능력 있는 사람들의 선함에 의해 더욱더 살기 좋은 세상으로 변해 간다. 육체적으로 힘이 센 사람이 선한 목적을 상실하면 '살인자'가 되지만, 능력을 많이 가진 사람이 '선한 목적'을 상실하면 더 큰 일을 저지르기 때문이다. 사이코패스는 단지 몇 명만의 목숨을 노리지만, 화이트 사이코패스는 수백 명의 목숨을 빼앗아 갈 수 있기 때문이다.

자녀교육에 있어서 어느 특정 영역만을 강조하고 키우는 것이 아니라 교양, 능력, 관계성, 바른 심성의 균형적 양육이 필요하다고 볼 수 있다.

16 자녀에게 소중히 가르쳐야 하는 것

니체는 교육자의 특별한 도움이 필요로 하는 세 가지 영역을 '보는 것', '생각하는 것', '쓰는 것과 말하는 것'이라고 하였다.

본다는 것은 시각이 아닌 시선의 응시이다. 오랫동안 응시하면서 깊은 사색적인 주의가 필요하다. 이것 없이 인간의 사유는 불가능하다. 외적 모습을 바라보는 것이 아닌 본질을 볼 수 있다면 보는 동시에 생각할 수 있다. 보통 아이들은 '보는 법' 또한 훈련에 의해서 더 나아지고 진보한다. 이것 없이 선생님의 일방적인 시각의 주입은 아이를 '간단한 로봇'으로 만들 뿐이다. 인간은 생각하고 사유하는 동물이다. 학문의 출발은 '보는 것'에서 출발한다.

오래 천천히 바라볼 수 있는 힘을 갖는다는 것은 얼마나 위대한 일인가? 현대는 성과 시대다. 무엇이든 시간과 노력은 적게 투자하고 많이 얻어 낼 수 있는 '수월성'만이 최고의 가치로운 것으로 취급한다. 이러한 부모들의 가치철학은 자녀들에게 그대로 전달된다.

그래서 자녀들은 밥을 먹더라도 '식감'을 즐기기보다는 한 번에 입맛을 사로잡는 자극적인 소스만을 즐기게 된다. 공부도 최소한의 노력과 시간을 투자해 많은 것을 얻을 수 있는 '족집게 과외'를 원한다. 공부를 할 때도 일을 할 때도 무언가 오랫동안 천천히 바라볼 수 있는 힘을 키우는 '보는 법'에 대해서는 관심이 없다. 더 멀리, 더 높이 나는 새로 부상하기 위해서는 개구리처럼 움츠려야 한다. 준비 기간은 자신만의 비법을 개발하는 시간이다. 준비 기간은 자신만의 해법인 '정권 지르기'를 몸에 새기는 시간이다. 처음에는 '정권 지르기'의 맛을 모르고 지루하다고 여길 수 있다. 그러나 계속해서 훈련하는 동안 몸과 호르몬은 상호작용하면서 훈련에 몰입하게 된다. 그러한 시간들이 만 시간이 흐르면 우주에 좋은 파동과의 접속으로 '전문가'가 된다. 연습만이 비범과 평범을 가르는 기준점이 된다. 어쨌든 좋은 스승은 기술이든 학문이든 먼저 '보는 법'을 체험하게 한다. 운동이든, 학문이든 스승의 좋은 기운과 에너지를 가져오기 위해서는 먼저 스승의 도(발자취)와 마음가짐, 자세를 '보는 법'부터 이해해야 한다.

두 번째 우리 자녀가 스승으로부터 진정 배워야 하는 것은 바로 '생각하는 법'이다. 어떤 '자극'에 대해서 곧바로 반응하는 것이 아닌 생각하고 자신의 행동을 결정할 수 있는 힘이 바로 생각, 즉 사고의 힘이다. 그리고 어떤 상황에서 옳고 그름에 대해 '예', '아니오'라고 말할 수 있는 힘을 키우는 것이 중요하다. 남들이 다 '예'라고 말할 때 아니라고 말할 수 있는 진정으로 '생각할 수 있는 사람'이 되려면 분별력을 가지고 판단할 수 있도록 해야 가능하다.

세 번째, '말하고 쓰는 법'이란 구술과 공부의 최종 심급인 '글쓰기'

를 뜻하는 것이다. 말하고 쓰는 법에서 중요한 것은 다독이 아닌 정독이다. 무엇이든 완벽히 알기를 힘쓰는 것이 바로 발표력과 글쓰기에서 가장 중요한 열쇠이다. 희미하게 아는 지식은 '구술'하기 힘들다. 그러나 명백히 암송한 지식은 기초가 되어 나의 창의적 사고에 '마중물'이 되어 준다. 전통적인 학습법인 '암송'은 온몸의 기가 회통하는 하늘의 방법이다. 우리 조상들은 선비의 글 읽는 소리를 노랫소리보다 더 아름다운 소리로 간주했다. 달빛이 휘영청 밝을 때 사랑채에서 글 읽는 선비의 목소리는 '천상의 소리'였다. 이 소리를 들은 이웃집 소녀는 부끄럼을 잊은 채 담을 넘어 선비의 방으로 들어갔다는 이야기는 우리나라 고전에 많이 등장한다. 이렇듯 음운론에 기초한 암송은 스스로도 감동하고 타인의 마음을 감동시킨다. 말하고 쓰는 법은 국어 실력의 내공이 있어야 가능하다. 자기표현력과 타인의 공감을 얻을 수 있는 능력은 쉽게 터득되거나 쉽게 가르칠 수도 없는 것이다. 오랜 시간 독서하고 사색하고 생활 속에서 자신의 경험을 녹여 낼 때에 '글쓰기'가 가능하다.

교육에서 '보는 법'을 제공하는 선생님을 만나기 위해서는 '느림'의 미학을 발견해야 찾을 수 있다. 육체적인 눈이 있다고 다 보는 것은 아니다. 볼 수 있는 법을 알게 되면 생각하게 되고 생각하는 법을 알게 되면 스스로 분별력 있게 긍정과 부정을 선택할 수 있게 되고 스스로 고인 생각의 샘은 물꼬를 트게 되는 것이다. 바로 생각의 물꼬가 '구술이고 글쓰기'이다. 이처럼 '보는 것', '생각하는 것', '쓰는 것과 말하는 것'의 세 가지는 각각 독립적인 것이 아니고 서로 연결되어 있는 것이다.

참고문헌

고미숙(2007). 호모쿵푸스. 그린비 출판사.

데이비드 호킨스(이종수 역)(1997). 의식혁명. 한문화.

미하이 칙센트 미하이(2004). 몰입, 미치도록 행복한 나를 만난다. 한울림.

박현영(2006). 박현영의 키즈 싱글리쉬. 꿈소담이.

빅터 프랭클(이시형 역) (2005). 죽음의 수용소에서. 청아출판사.

서영숙 외(2001). 방과후 아동지도론. 양서원.

송길연 외 역(2000). 발달 심리학. 시그마프레스.

안범희(2000). 성격 심리학. 도서출판 하우.

이종각(2012). Basic+교육사회학. 태영출판사.

이지성(2007). 꿈꾸는 다락방. 국민 출판사.

임성택(2001). 교사 효능감. 강현출판사.

임성택, 암범희 옮김(2009). 심리학사(사상과 맥락). 교육과학사.

지그지글러(이은정 역)(2008). 정상에서 만납시다. 산수야.

짐 트렐리즈(2007). 아이두뇌를 깨우는 하루 15분 책 읽어 주기의 힘. 북라인.

책아책아 영어컨텐츠 연구소(2008). 영어 동화 100편. 애플비.

최영미(1994). 서른, 잔치는 끝났다. 창작과비평사.

토스테인 톰센(2000). 무시무시한 꽥꽥이. 킨더랜드.

한병철, 김태완 옮김(2011). 피로사회. 문학과지성사.

한정수 외(2007). 조선 지식인의 글쓰기 노트. 포럼.

함석헌(2003). 너 자신을 혁명하라. 오늘의 책.

저자 소개

백종순

학력: 강원대학교 대학원 교육학과 박사과정 수료

경력: 송호대학교 유아교육과 겸임교수 역임

현 한림성심대학교 사회복지과 시간강사

저서: 긍정으로 인생 물들이기

아동발달(공저)

논문: 자아존중감 프로그램이 자아존중감 및 학교생활 만족도에 미치는 효과

김재환

학력: 숙명여자대학교 대학원 석사 및 박사 졸업

경력: 제주대학교 유아교육과 교수 역임

송호대학교 유아교육과 교수 역임

현 한중대학교 유아교육과 교수

저서: 아동발달(공저), 보육과정(공저), 부모교육론(공저) 외 다수

논문: 서울형 어린이집 공인기준 평가에 대한 인식 연구 외 다수

부모와 유아교사를 위한
교육의 실천적 지식

초판 1쇄 인쇄 2014년 1월 20일
초판 1쇄 발행 2014년 1월 25일

지은이 | 백종순·김재환
펴낸이 | 김기섭
편집인 | 태선옥
펴낸곳 | 창지사 www.changjisa.com
153-802 서울시 금천구 가산디지털 1로 83 파트너스타워 1차 9층
전화 (02) 719-2211~3
팩스 (02) 701-9386
등 록 | 1977년 4월 28일·제1-421호

ISBN 978-89-426-0748-8 (93370)

값 13,000원